一开口就让人喜欢你

桑楚◎主编

中国民族文化出版社
北京

前　言

当今世界，懂得如何说话已经成为一个人综合能力的重要标志，成为个人在社会上生存的重要能力之一。在生活中，通过出色的语言表达，可以使陌生的人互生好感，结成友谊；可以使相互熟识的人之间情更浓、爱更深；可以使意见分歧的人互相理解，消除矛盾；可以使彼此怨恨的人化干戈为玉帛，友好相处。

说话是人们最简单、最直接的表达方式，它的重要性不言而喻。在复杂的现实生活中，更深刻地领悟语言的真谛，学会如何说话，显然是势在必行的。说话是一种技巧，更是一门艺术。它看似简单，但是要说出水平，容易被人理解、接受，则需要下一定的功夫。

一个会说话的人，遇见陌生人时，知道如何说话能跟对方达成一种"一见如故"的默契；和同事共事时，知道如何说话能得到大家的欢迎；拜访客户时，知道如何说话能赢得客户的信赖，从而决定购买自己的产品；跟恋人或朋友说话时，知道怎样给对方带来乐趣，加深彼此间的感情……

一开口就让人喜欢，才能把话说到对方的心坎里，获得对方的好感，成为人见人爱的说话高手。一语可以成仇：一句话说错了，会破坏人际关系的良好互动；一句话说错了，会导致功败垂成。一语可以得福：一句话说对了，可以得到方便；一句话说对了，也许会向成功迈近。

一开口就让人喜欢，是一件既容易又困难的事。说容易，是因为我们每个人都会说话，都知道说话要做到讨人喜欢；说困难，是因为把握别人的心理很难，而且说话大多是即时的，容不得你仔细考虑。一位企业家说："一个人不会说话，那是因为他不知道对方需要听什么样的话。假如你有一双慧眼能看透对方的心理活动，你就知道说话的力量有多么巨大了！"

　　说话不得体，不讨人喜欢，会惹来麻烦，达不到预期的效果。一个不善言谈和说话不讨人喜欢的人，很容易给他人留下能力低下和思想匮乏的印象。这样的人不管处在哪一个社会层面都很难轻松地获得成功，也无法得到足够的器重和赏识，甚至会沦为无足轻重的边缘人。一开口就让人喜欢你，是获得上司赏识、下属拥戴、同事喜欢、朋友肯定、爱人依恋的必要条件，是一个人做人办事、行走社会的通行证。为了帮助大家快速掌握高超的说话本领，把话说得讨人喜欢，成为一个受欢迎的说话高手，笔者精心编写了这本《一开口就让人喜欢你》。

　　本书系统地介绍了各种讨人喜欢的说话方式，涉及人际交往的多种不同情境，帮助你掌握面对不同人时的说话技巧、不同场景下的说话艺术，提高说话能力，把话说得漂亮、得体、讨人喜欢，赢得友谊、爱情和事业，踏上辉煌的成功之路。

目 录

第三章

完美的声音为交流加分

第四章

说到心坎上，自然让人欢喜

第八章

笑融僵局，幽默的语言惹人爱

第九章

拒绝的语言要委婉

第十章

有理也要让三分，人人希望有台阶下

第十一章

会婉转，少尴尬

第十二章

千人千面，对不同的人说不同的话

第十三章

说好应酬话，皆大欢喜

第一章

说话，原则很重要

说话要有准确性

在日常交谈的话语中，有不少词语在不同的条件下使用，往往有不同的含义，有的甚至完全相反，这就是"同语异义"的现象。它可能会给你带来不少麻烦，但也有可能给你带来许多便利。巧说"同语异义"比直言更能对听者产生强烈的吸引力，但如果运用不好则会带来很多麻烦。

《三国演义》中描写的曹操误杀吕伯奢一家的故事就很有借鉴意义。

曹操刺杀董卓未成，便与陈宫一道投奔曹父的义兄吕伯奢。吕伯奢热情接待。曹操坐了一阵，忽然听到后院有磨刀的声音，于是，与陈宫蹑手蹑脚进了后院，只听得有人说："捆绑起来再杀！"曹操对陈宫说："不先下手，咱们就要死了！"说着，便与陈宫拔剑冲了过去，见一人便杀一人。之后，他们搜寻厨房，却看见那里有一只捆绑起来准备宰杀的猪。

这个故事固然反映了曹操疑心过重，但"捆绑起来再杀"这句不明确的言辞，却是曹操杀人的一大诱因。这说明"同语异义"的言辞一定要谨慎使用。

第二次世界大战期间也发生过因"同语异义"而闹误会的事。

"二战"期间，由于德军经常空袭伦敦，所以英国空军总是保持高度警惕。在一个浓雾漫天的日子，伦敦上空突然出现了一架来历不明的飞机，英国战斗机立即升空迎击，到两机接近时才发现这是一架中立国的民航机。

英国战斗机向地面指挥部报告了这一情况，请求指示。地面指挥部回答："别管它。"于是，英国战斗机发出一串火炮，把这架民航机打落了。后来，英国为此支付了一笔巨额赔偿才了事。

英国战斗机和地面指挥部都负有不可推卸的责任。首先是地面指挥部，不该用"别管它"这样语义不明的言辞来回答战斗机的请示。这既可以理解为"别干涉它，任它飞行"，也可以理解为"甭管它是什么飞机，打下来再说"。

战斗机的责任是在听到这样模棱两可的命令后，应该再次请示，确认清楚后再采取行动，这样就不致铸成大错了。可见，这个"别管它"就是一种"同语异义"的言辞。在遇到这种言辞时一定要慎重处理，切勿含糊不清，否则它会成为你与人沟通的障碍，甚至让你得罪人。

一个公司的人事流动是正常的，对一个高明的部门主管来说，当有人走了以后，他要做的事情应该是如何通过自己的语言影响力来稳住留下来的人。但是，有很多部门主管并不注意这一点。

一个公司的部门经理手下有10个员工。有一天，4个员工同时提出辞职，这位经理感到很不安，他对留下来的6名职员说："那些精明能干的人都走了，我们的将来可是前途未卜了！"显然，这句话得罪了留下来的6位雇员，使部门的气氛更加紧张。

也许这位部门经理对留下来的6位雇员并无贬低之意，可是由于他的不准确表达，使这6位雇员在心理上产生了阴影，在日后的工作中，他们难免会产生对抗情绪。

一个说话准确的人，总可以准确、流利地表达自己的意图，也能够把道理说得很清楚、动听，使别人很乐意接受；还可以立刻从问答中判定对方言语的意图，并从对方的言谈中得到启示，增加自己对对方的了解，与对方建立良好的友谊。说话有失准确的人，不能清晰表达自己的意图，往往会令对方听得费神，难以使对方信服。

1916年，美国化学家路易斯在一篇论文中首次提出了"共价键"的电子理论。这个理论对于有机化学的发展具有重大意义。可是这一理论发表后，在美国化学界并未引起应有的反响，其中一个重要的原因是路易斯不善言谈，没有公开发表演说宣传自己的见解。

3年以后，美国另一位著名化学家朗缪尔发现了路易斯见解的可贵。于是，朗缪尔一方面在有影响力的《美国化学会会志》等刊物上发表多篇论文，阐述和发展路易斯的理论，同时又多次在国内外的学术会议上发表演讲，大力宣传"共价键"。由于朗缪尔能言善辩，对"共价键"做了大量宣传解释工作，才使得这一理论被美国化学界承认和接受。一时间，美国化学界纷纷议论朗缪尔的"共价键"，有人甚至把它称作"朗缪尔理论"。而这一理论的首创者路易斯的名字几乎被彻底忘却了。

说话要有感染力

说话富有感染力的人，自然会给周围的人增添快乐，也会给自己增添不少光彩，同时，他所说的话也很容易被人听进耳朵里。说话的感染力在演讲中体现得尤为突出。

演讲者在情感上的感染力可以说是演讲的生命力，演讲者的情感越深厚，就越能吸引人、打动人，越能拨动每一个听众的心弦。

成功的演讲者总是很善于以独特的眼光和艺术的敏感，去发现和选取生活中那些独具浓厚感情的演讲素材，也很善于以独特的艺术智慧去对其进行构思和表现。这是演讲艺术情感的独特性的双重内容。

演讲艺术情感是演讲者创造性劳动的体现，它不是对生活感受的简单复述，而是对所感受到的内容进行提炼和加工。只有这种独特的艺术情感，才是富有魅力的，才能给人以强烈的艺术感染。演讲实践证明，一位演讲者所传达的感情越是独特，对听众的影响就越大。独特的认识宛如闪电，照亮听众的心灵；独特的情感宛如惊雷，震撼听众的心灵。独特的演讲是激情的表达，也是演讲风格的表现。

演讲术辩证法的特点之一，表现在理性与情感的统一。只强调理性和逻辑，而不重视情感的表达，往往会起消极作用，会降低听众的接受程度；而在演讲中做到理性和情感的统一，做到在热烈的情绪中体现深刻的主题和内容，才能保证演讲取得成功。

演讲的感染力还有一个重要来源，即演讲美感。

优秀的演讲者是美的使者，成功的演讲活动是对美的传播和塑造。一般来说，演讲美感包含几个方面的内容。

1. 演讲的形式美

它是指演讲者显示出的一种热烈、强劲、雄浑、博大、激昂，甚至悲壮的美。这样的演讲始终充斥着真与假、美与丑之间的激烈斗争，显示出磅礴的气势和战斗的风采，它给听众的是信念，是力量，是付出巨大的代价而必然战胜假丑恶的坚定，是无私、勇敢，甚至牺牲所显示出来的伟大的精神力量。这样的演讲往往是慷慨陈词、壮怀激烈的，语言短、节奏快、掷地有声，并伴有坚定、昂扬、奋起般的情态动作，显示出对抗的、抨击的、不屈的凛然正气。

2. 演讲的人格美

它是演讲美的重要组成部分，是演讲反映出来的演讲者的道德美、情操美、品格美，是演讲者内在精神美在演讲过程中的真实表露。

演讲者的人格美并不是为演讲的需要专门设计的，也不是在演讲时临时形成的，而是演讲者平时一贯的人格特质，它是演讲人格美的基础和源泉。一个演讲者如果平时不注重对人格美的培养，依靠临时装扮是无济于事的。人格特质包括气节修养、理想修养、品质修养、言行修养、情感修养和理论修养等等。

3. 演讲的内容美

它与演讲的形式美和人格美统一构成演讲美，在演讲美中占主体地位，是决定性要素。演讲的内容美是由演讲的事物、道理、情感和知识4个要素构成的，但却不是4个要素相加之和。4个要素必须形成一个和谐统一的整体才能构成内容美。内容美只属于事物、道理、情感和知识相互联系、相互作用、和谐统一形成的整体结构，而不属于某个单一要素。

演讲美感是这三大方面高度、灵活的统一。在美感中加入情感，就共同构成了一篇成功演讲词的感染力。苏联作家阿·托尔斯泰是高尔基的学生，他在高尔基追悼会上发表的对恩师的悼词"用自己永不颓丧的词语帮助我们高举……艺术的火炬"给听众留下了深刻的印象。

…………

在这座古老的广场上人民几千年都在为自己创建着国家，为大众建立了国体的最高形态。我们在这儿聚会，是为了把这位不仅属于我国，而且属于世界人民的作家的骨灰盒安放进名人墓。

艺术家高尔基的诞辰是在 19 世纪 60 年代。少年彼什科夫在自己心灵美妙的深处积聚了革命前那个时代所有爆发性的力量：积聚了受屈辱、受压迫人们的满腔悲愤、所有令人痛苦的期盼、所有寻找不到出路的激情。

他替别人感受到了市侩的、小市民的和警察拳头下黑沉沉堡垒的滋味。他不止一次发疯似的搏斗，单枪匹马为保护被侮辱、被欺压者而与许多人作对。这样到了 19 世纪 90 年代，这个高高、瘦瘦，背有点驼，有着一双蓝眼睛的青年，怀着一颗勇敢、炽热的心，在那个受欺压、剑拔弩张、死气沉沉的可怕岁月里发起了反抗。

他说，谁有一颗活人的心，就该去砸烂这万恶的小市民的麻木不仁状态，到广阔的空间去，去点燃自由生活的篝火！

他用强有力的笔触急不可耐地、天才地勾画出剥削阶级愚蠢的禽兽面目。这就是那张俄罗斯的、涂上了阴沉油彩的贪得无厌的嘴脸，请欣赏吧！

…………

这篇演说词的主要特点是：采用形象、生动、明快、简洁的语言风格；形式上，注重词语的锤炼，字字落实，不说空话、套话、闲话、废话，多分段，一个意思形成一个自然段，而且只做简括的叙述或评价性、结论性的议论，不加以烦冗的、多余的展开；注重概括，使每一个字、词、句子、自然段都带有对人、对事的概括性，即使以物质形态出现的语言，几乎都是思想本身，而且是高密度、高质地的，加之这些概括本身的独到性、精当性、警策性，就使这篇演讲词从形式到内容都堪称经典。

阿·托尔斯泰把自己对文学恩师的真挚、深厚、浓烈的感情，凝聚在一篇小小的千字悼文中，使这篇演讲词充溢着显著的感情色彩和对自己民族、时代的文学巨人的深刻的理解与由衷的钦敬，读来非常感人。

如果我们平时说话能有演讲词一半的感染力，那我们所说的话就很容易打动对方，得到更多的认同。

说话要有修养

口才是一种表达情意、与人交际的才能，但它不只是靠语言完成的，还要靠风度。

口才的培养不同于在规定时间内去完成一件工作或起草一篇文章，更不是饮一杯茶、打一场球那样愉快轻松。口才的完善实质是很长一段时间集思想、语言行为、仪态、情绪等各个方面综合磨炼的过程，亦是内在修养的过程。在口才的积累中，这一过程应视为心理的准备与承受过程。一个人若只有语言能力，那么还不足以广受欢迎，必须抱着不同于寻常的心与人交往，才能使相处变得饶富趣味。

有些人喜欢抬杠，搭上话就针锋相对，无论别人说什么，他总要反驳。他本来一点成就也没有，不过你说"是"时，他一定要说"否"，到你说"否"时，他又说"是"了。这是最可怕的习惯，犯这种毛病的人很多，而且每每自己不知道。为什么会这样呢？因为他不喜欢听取别人的意见，在心目中只有自己，而且他自以为比别人高明，事事要占上风。即使真的见识比别人高明，这种态度也是要不得的。这种习惯使人失去朋友和同事，没有人肯给这样的人贡献一点意见，更不敢向这样的人进一点忠告。唯一改善的方法是养成尊重别人的习惯，要知道，在日常谈论的、十有八九没有绝对是非标准的问题当中，你的意见不一定对，而别人的意见也不一定错，把双方的意见综合后再分析，你至多有一半是对的，那么你为什么每次都要反驳别人呢？

在口才的内在修养上，修养本身是修内在的承受力与胸怀，重要的是别把自己的工夫花在装腔作势上。我们无法更清晰地剖开所有人的"外衣"，只是我们潜意识里感到，一个人在拥有好口才的同时，一定要认清自己，使心理与行为一致。通过自我研究，才能够客观地了解自己，进而发现自己的长处和短处。如果能够养成这样一个习惯，对自己的工作、学习和生活会非常有帮助，并且只要不断地努力下去，你的潜能终会逐日显露出来，你拥有的长处也就能获得充分施展。

说到口才修养，不得不提口德，"德"可以说是口才的灵魂。

在道义上来说，有些词语我们应尽可能避而不用，比如"矮冬瓜""私生子""白痴"等，因为，一旦我们在与人对谈时触及这些方面，对方的理智会立刻消失，代之而起的是一种动物性的原始防卫本能，到那时就有你的好看了。

口德除了伦理道德，还包括其他的一些层面，比如政治道德。这一层次对口才的影响很大，良好的政治道德情操将使你在面对任何难题时临危不乱，挥洒自如。

1931年，"九·一八"事变前后，我国著名生物学家童第周在比利时布鲁塞尔大学做研究工作。当时，日军炮轰沈阳，占领我国东北。这个消息激起了童第周的满腔愤慨。他联合了许多留学生，发起抗日示威游行。比利时当局以"扰乱治安罪"审讯他，他理直气壮地回答："传单是我写的，游行是我带的头！但是，这不是扰乱治安，这是中国人的志气，是完全正义的。"他用自己的高尚情操、雄辩口才，维护了祖国尊严，维护了正义，赢得了世人的尊重。

一个注重言语修养的人，一个有益于他人的人，自然易于为他人所接受，他的话也就可能被别人奉为圭臬。"文如其人"是从写作角度说的，我们也有理由说"言如其人"。心理上的专注力、耐受力、进取心等品质也将使你更具个人魅力，使你的口才更富内涵。

一个经常发表真知灼见的人会给人以启迪和帮助，在交际中容易取得被人认可、受人尊敬、让人重视的优越位置，但是发表己见是很有一番讲究的，处理得当，你的意见便能充分展现，反之则很难如愿。对此，一定要注意下面几点。

1. 见隙发话，不抢话争话

自己有真知灼见希望尽快发表出来，这种心情是可以理解的。但你同样也要给别人发言的机会，不能迫不及待，在他人侃侃而谈时，硬是打断对方的话，让自己一吐为快；或者他人正欲发言时，你捷足先登，把别人已到嘴边的话硬是堵回去，让自己畅所欲言。发表己见首先应具备的修养就是耐心，待别人充分发表了意见之后，或轮到你发言时，你再发言不迟，这不仅不会减轻你发言的分量，反而会调动大家的情绪。

2. 尊重他人，不随便否定他人意见

尊重对方是交际的一项基本原则。说话是人的思想的反映，尊重他人的意见，也就如尊重他这个人一样。但有些人为使自己的意见突出，引起他人对他谈话价值的充分认同，常自觉不自觉地对他人意见加以贬低、否定，结果引发了对方的不满和对抗，自己的意见不仅未得到重视，反而遭到冷落和否定，自己的形象也受到贬损。善说话者，在发表己见时，恰恰采取相反的态度，他们会巧妙地从不同角度

对已发表出来的意见加以肯定和褒扬，甚至采取顺势接话、补充发言的方式陈明己见，这样别人就会保持一个积极的良好的心态倾听他们的高论，他们的意见圆满发表了，他们的风格也显示出来了。

3. 注重语德，不要话中含刺

发表己见应只管把自己的意见、主张陈述出来，平心静气，用语讲究，不可话中有话，含沙射影，于言辞之间讽刺挖苦别人。无可否认，别人意见未必精当，有些还于你不利，但谈话本就是一种沟通和协商，大家都把意见亮出来了，真理和谬误自现。那种冷嘲热讽、话中含刺的方式显然是不友好的，不仅难以达到交换意见的目的，还会导致双方形成对立关系，对别人是贬损，对你也毫无益处。

4. 发扬民主，尊重他人

发表己见者当然希望别人洗耳恭听，希望得到别人的注意和重视。但能否如愿，主要看别人。作为说话者，要做的是提高自己的说话水平和认知能力，使自己的意见足以引起听众的注意和震动。有些人发表己见时舍本求末，不注意把自己意见加以斟酌、优化，而是通过外在形式控制听众的态度和情绪，这也是不可取的。

说话要有分寸感

世上能够把握分寸的人总占少数，也许这就是成功者总是少数的原因。

世上早有"为人处世和说话办事要讲分寸"的劝勉，但"分寸"到底在哪里，大多数人却未必能说得清。能说清这二字的人，可以说，都是聪明、练达的人，凭着对人事的明达、老成，他们中的绝大多数人都已经跻身于成功者队伍之中了。有人说，通往成功的路有多条，殊不知每一条路上都布列着大小不一的"分寸"二字，不管是与人说话、与人交往还是与人办事，差不多都深深蕴藉着分寸的玄机。很明显，一个人在社会上把握不好分寸，就说不好话，办不好事，也更难做到愉快地与人交往；这样的人，不识分寸的眉眼高低，怎么能顺利地跨过成功的桥梁呢？

从一定意义上说，分寸是一种不偏不倚、可进可退的中庸哲学。但中庸之道的抽象，不足以恰当地把握其中的内涵，而分寸之道，却是一种被形象化了的尺度，更易于让人明确地把握，具有可为人所用的实际操作性。

要想做到更好地理解分寸，不妨先看看分寸的历史渊源。孔子曰："中庸之为德也，其至矣乎！民鲜久矣。"这就是说，中庸是一种最高的德行，人们很久都不具备这种道德了。何谓中庸？即"不偏不倚""过犹不及"。他还说，做事只考虑实际的质朴以至胜过文采，则显得粗野；做事只考虑外表的文采以至胜过质朴，则显得虚浮；只有质朴和文采全面兼顾，不偏于一面，才是做得恰到好处的君子。在孔子看来，凡事如果"过"了，就违反了中庸之道，就是不讲分寸。因此他说："君子中庸，小人反中庸。"说白了就是君子讲分寸，小人不讲分寸。

历数古今中外的成功者，特别是那些开国创业之君、霸业守成之主或那些历朝历代在仕途上春风得意的人，几乎无一不是知轻重、识眉眼、懂分寸的睿智之士。世人通常提到的所谓"会说话""会办事""会做人""有人缘""识大体""知礼节"几乎都是对讲究分寸之道的报偿。想想那些碌碌无为之人，也想想自己曾经碰过的钉子、跌过的跟头、吃过的苦头，哪一桩哪一件不是分寸使然呢？

分寸，往往是生命长河中的一个分水岭，超越它，好与坏、善与恶、爱与恨、喜剧与悲剧就可能发生转化。比如，酗酒能转化为肝硬化，大快朵颐能转化为肠胃疾病，超强度体育运动能转化为筋骨损伤，民事纠纷能转化为刑事案件，狂欢能转化为灾祸……分寸潜藏于这一系列转化之中，改变着人们的生活质量与生活节奏。

通常所说的"掌握火候""矫枉过正""过犹不及""欲速则不达"等讲的都是这种"火候"和"分寸"的问题。

说话有尺度，交往讲分寸，办事讲策略，行为有节制，别人就很容易接纳你，帮助你，尊重你的体面，满足你的愿望。反之，你不懂分寸，说话冒失，举止失体，不识深浅，不知厚薄，就会人人讨厌，事事难为，处处碰壁。

如果不掌握分寸，不在乎分寸，企图跨越它所框定的界限，只想"急于求成""立竿见影"，除了拔苗助长、事与愿违、多栽几个跟头，不会有别的结果。

懂得讲话技巧的人，能把一句原本并不十分中听的话，说得让人觉得舒服。有一位企业的总裁，当他要属下到他办公室时，从来不说："请你到我的办公室来一趟。"而是讲："我在办公室等你。"

有个人在交际场合中一言不发，哲学家狄奥佛拉斯塔对他说："如果你是一个傻瓜，那你的表现是最聪明的；如果你是一个聪明人，那你的表现便是最愚蠢的了。"

没有好的人缘，不知要失去多少成功的机会，干多少事倍功半的事情。人缘依靠什么维护？靠的就是嘴上的分寸。一句话说得不当，可能毁掉一生的前途，正所谓"一着走错，满盘皆输"。

第二章

把握分寸，嘴上带尺脚下有路

时机未到时保持沉默

哲学家说，沉默是一种成熟；思想家说，沉默是一种美德；教育家说，沉默是一种智慧；艺术家说，沉默是一种魅力。我们知道，在人际交往当中，沉默是一种难得的心理素质和可贵的处世之道，当然，任何事情又都不是绝对的。

心理学告诉我们，在不同的场合中，人们对他人的话语有不同的感受、理解，并表现出不同的心理承受力。正因为受特殊场合心理的制约，有些话在某些特定环境中说比较好，但有些话说出来就未必好。同样的一句话，在此说与在彼说的效果往往不一样。因此，说什么，怎么说，一定要顾及说话的环境，如果环境不相宜，时机未到，最好保持沉默。

日本某公司同美国某公司正进行一场贸易谈判。谈判一开始，美方代表滔滔不绝地向日方介绍情况，而日方代表则一言不发，埋头记录。美方代表讲完后，征求日方代表的意见。日方代表恍若大梦初醒一般，说道："我们完全不明白，请允许我们回去研究一下。"于是，第一轮谈判结束。

几星期后，日本公司换了另一个代表团，谈判桌上日方新的代表团申明自己不了解情况。美方代表没有办法，只好再次给他们介绍了一遍。谁知，美方讲完后日方代表的态度仍然不明朗，仍是要求道："我们完全不明白，请允许我们回去研究一下。"于是，第二轮谈判又告休会。

过了几个星期后，日方再派代表团，在谈判桌上故伎重演。唯一不同的是，这次，他们告诉美方代表一旦有讨论结果立即通知美方。一晃半年过去，美方没有接到通知，认为日方缺乏诚意。就在此事几乎要不了了之之际，日方公司突然派了一个由董事长亲率的代表团飞抵美国开始谈判，抛出最后方案，以迅雷不及掩耳之势逼迫美方加快谈判进程，使美方措手不及。谈判最后达成的是一份明显有利于日方的协议。

这场谈判成功的关键在于一句俗话"会说的不如会听的"，听出门道再开口，而开口便伤对方"元气"，是不是很高明？

在生活中，我们有时故作迟钝未必不是聪明之举，迟钝的背后隐藏着过人的精明。有人推崇一种大智若愚型的艺术——在商业活动中多听、少说，甚至不说，显示出一种迟钝。其实这样做的目的是为了获得最大的利益。少开口，不做无谓的争论，对方就无法了解你的真实想法；你还可以借此探测对方动机，逐步掌握主动权。

受到攻击时，沉默是最好的方法

雄辩如银，沉默是金。在我们的生活中，有些时候确实是沉默胜于雄辩。与得体的语言一样，恰到好处的沉默也是一种语言艺术，运用好了常会收到"此时无声胜有声"的效果。

　　假如我们在生活中遇到个别强词夺理、无理辩三分或者出言不逊、恶语伤人的人，与之争辩或是对其反唇相讥，往往只能招来他们变本加厉的胡搅蛮缠。对付这种人的最好办法往往不是以眼还眼、以牙还牙，而是保持沉默。这种无言的回敬常使他们理屈词穷，无地自容，正如鲁迅先生所说："沉默是最好的反抗。"

　　国外某名牌大学曾发生过老师和校长反目的情形，该校校长遭到许多老师的围攻。当时，还有一群学生冲进校长的办公室，对他提出各种质问。但是，无论他们说什么，这位校长始终不开口，双方僵持了几个小时后，这些老师和学生悻悻而去。

　　这位校长保持沉默，实际上也是一种反抗，同时又给对方一种高深莫测的感觉，从而给对方造成心理上的压迫感。

　　当对方出于不良动机对你进行人身攻击，甚至造谣诽谤，而你若辩驳反击反而会深陷是非、徒增烦恼时，运用轻蔑性沉默便可显示出锐利的锋芒。你只需以不屑的神情嗤之以鼻，就足以把对方置于尴尬的境地。

　　某单位有两个采购员：甲因超额完成任务而受奖，乙却因没尽力而被罚。但乙不反省自己的问题，反而说三道四。在一次公众场合，他含沙射影地说："哼，不光彩的奖励白给我也不要！有酒有烟我还留着自己用哩，给当官的舔屁股，咱没有学会！"

　　甲明白这是在骂自己，本想把话顶回去，可是转念一想觉得如果和他争吵，对方肯定会胡搅蛮缠，反而助长其气焰。于是他强压怒火，对着乙轻蔑地冷笑一声，以不值一驳的神色摇了摇头，转身离去，把乙晾在一边。乙的脸红一阵白一阵的，窘极了。众人也哄笑道："没有完成任务还咬什么人，没劲！"至此，乙已经无地自容。

　　在这里，采购员甲的轻蔑性沉默产生的批驳力比之用语言反驳，显得更为有力、得体，更能穿心透骨。这也许是对付无理挑衅的最有效的反击武器。

沉默像乐曲中的休止符，它不仅是声音上的空白，更是内容的延伸与升华。它是一种无声的特殊语言，是一种不用动口的口才。

别人论己时切莫打断

在大多数场合，注意聆听别人的谈话非常重要。当听到别人谈论自己的时候，很多人容易犯这样一个错误：一旦别人谈到自己时，尤其是不利于自己的情况时，往往会打断别人，进行争论。其实，这是最不明智之举。

伊利亚·爱伦堡的长篇小说《暴风雨》出版后，在社会上引起震动，褒贬不一，莫衷一是。某报主编不知从哪里得到了斯大林对《暴风雨》的看法——认为此书是"水杯里的暴风雨"。

据此，主编就组织编辑部人员讨论这部小说，以表示该报的政治敏锐性和高度的警惕性，表明该报鲜明的立场。

讨论进行了数小时，发言人提出不少批评意见。由于主编的诱导，每篇发言都言辞辛辣而尖刻。如果这些批评成立的话，足以让作家坐几年牢。可是在场的伊利亚·爱伦堡极为平静，他听着大家的发言，表现出令人吃惊的无动于衷的态度，这使与会者无法忍受，纷纷要伊利亚·爱伦堡发言，并要求他从思想深处反省自己的错误。

在大家的再三督促下，伊利亚·爱伦堡只好发言。他说："我很感谢各位对鄙人小说产生这么大的兴趣，感谢大家的批评意见。这部小说出版后，我收到不少来信，这些来信中的评价与诸位的评价不完全一致。这里有封电报，内容如下：'我怀着极大兴趣读了您的《暴风雨》，祝贺您取得了这么大的成就。——约瑟夫·斯大林'"

主编的脸色很难看，以最快的速度离开会场。那些提出了尖刻批判的编辑们，都抱头鼠窜了。爱伦堡轻轻地摇摇头："都怨我，这么早发言，害得大家不能再发言了。"

爱伦堡的聪明在于，如果他一开始就据理反驳，必将激起编辑们更加尖锐的批评，这种场合，最明智的做法就是保持沉默，褒贬随人。

沉默的力量是无边的，它可以帮你说服反对你的人，让你向成功迈进。所以我们要学会沉默，学会在别人论己时保持沉默。

插话要找准时机

在别人说话时，我们不能只听到一半或只听一句就装出自己明白的样子。我们提倡在听别人说话时，要不时做出反应，如附和几句"是的"等话语，这样既让说者知道你在听他说，又让他感觉你尊重他，使他对与你交谈产生浓厚的兴趣。

但是，万事都要把握分寸。许多人过分相信自己的理解和判断能力，往往不等别人把话说完就插嘴，这种急躁的态度很容易造成损失，不仅容易弄错了对方说话的意图，还有失礼貌。当然，在别人说话时一言不发也不好，对方说到关键的时刻，说完后，你若只看着对方，一言不发，对方会感到很尴尬，他会以为没有说清楚而继续说下去。

还有不少人在倾听别人说话时表现得唯唯诺诺的样子，哼哼哈哈，好像什么都听进去了，可等到别人说完，他却又问道："很抱歉，你刚才说了什么？"这种态度，也是相当失礼的。

　　所以说，即使你真的没听懂，或听漏了一两句，也千万别在对方说话途中突然提出问题，必须等到他把话说完，再提出："很抱歉！刚才中间有一两句你说的是……吗？"如果你是在对方谈话中间打断，问："等等，你刚才这句话能不能再重复一遍？"这样，会使对方有一种受到命令或指示的感觉，对你的印象就不会太好了。

　　听人说话，务必有始有终。但是能做到这一点的人并不多。有些人往往因为疑惑对方所讲的内容，便脱口而出："这话不太好吧！"或因不满意对方的意见而提出自己的见解，甚至当对方有些停顿时，抢着说："你要说的是不是这样……"这时，由于你的插话，很可能打断了对方的思路，使他忘了要讲些什么。

　　人人都有这样的经验：有时，同某人在一起，说话很愉快；有时同某人在一起，感到很烦，本来很感兴趣的话题却不想谈下去。究其原因，主要是对方说话不讨人喜欢，该问的问，不该问的也问，所以让我们觉得厌烦。说话要讲究轻重、曲直，更要有个眼力见儿，知道哪些该说哪些不该说，哪些该问哪些不该问。

　　问题是展开话题的钥匙。所以说话有眼力见儿就要做到问话要讨人喜欢。有些问题，当你得不到满意的答复时，是可以继续问下去的，但有一些问题就不宜再问。比方说你问对方住在哪里，他如果只说地区而不说具体地址，你就不宜再问在哪条路几号。如果他愿意让你知道的话，他一定会主动详细说明的，而且还会补充上一句，邀请你去坐坐，否则便是不想让别人知道，你也不必再追问了。举一反三，其他诸如此类的问题，如年龄、收入等也一样不宜追问，以免引起对方不快。

　　不可问对方同行的营业情况。同行相忌，这是常理。因为他回答你时，若不是对其同行过于谦逊的赞扬，便是恶意的诋毁。在一个人面前提及另外一个和他站在对立地位的人或物总是不明智的。

此外，在日常交际中，不可问及别人衣饰的价钱；不可问女子的年龄（除非她是 6 岁或 60 岁左右）；不可问别人的收入；不可详问别人的家事；不可问别人挣钱的方法；不可问别人工作的秘密，如化学品的制造方法等。

凡别人不知道或不愿意让人知道的事情都应避免询问。问话的目的在于引起双方的兴趣，而不是使任何一方没趣。能让答者起劲，同时也能增加你的见识，那是使用问话的最高境界。

一位社交家曾说："倘若我不能在任何一个见面的人那里学到一点东西，那就是我处世的失败。"这句话很发人深省，因为虚怀若谷的人，往往是受人欢迎的。记住，问话不仅能打开对方的话匣，而且可以让你从中增益学问。

说话不可口无遮拦

与人说话要讲究方圆曲直，该说的说，不该说的就不要开口；可实际上，有的人说话口无遮拦，以致让自己陷入不利境地。

说话不可口无遮拦，要恰当地回避他人忌讳的东西，才能使双方的交流更为融洽。

朋友聚会，大家不免要开开玩笑，玩笑不伤大雅无妨，不有意无意揭人伤疤也无妨。这样可以使气氛更欢愉，彼此沉浸在往事的回忆中，倒是一种乐趣。然而，有时不该说的说了，就会使气氛骤变；若是有朋友偕好友或恋人同往，情况还会更糟。

小张长得高大魁梧，上大学时有"恋爱专家"的雅号。如今他是一家外资公司的高级职员。英俊的长相和丰厚的薪水使他得以在众多的女孩中选择了貌若天仙的小丽作为女友。也许是为了炫耀，小张带着小丽参加了同学聚会。

就在大家天南海北闲谈的时候，老同学小王转了话题，谈起了大学期间罗曼蒂克的爱情故事，故事的主人公自然是"恋爱专家"小张。小王眉飞色舞地讲述小张如何引得众多女生趋之若鹜，又如何在花前月下与女生卿卿我我。小丽起先还觉得新奇，但越听越不是味，终于拂袖而去。小张只好撇下朋友去追小丽。

小王并不是有意要折小张的台，而他的追忆往事确实是使小丽耳不忍闻，无端造出了乱子。这不仅使小张要费不少周折去挽回即将失去的爱情，而且使在场的人心里也不愉快。

无论在什么场合，什么情况下都要把握说话分寸，做到该说的说，不该说的就不说，尽量创造一个和谐的交流氛围。

点到为止

事情有缓急，说话有轻重。有些人在日常交际中，随性而为，不察言观色，不考虑后果，说起话来没轻没重，甚至说出一些既伤害他人，也不利于自己的话。

有一对夫妻吵架，两人唇枪舌剑，各不相让。最后，丈夫指着妻子厉声说："你真懒！衣服不洗，碗也不刷，你以为你是千金小姐呢！什么都不会，脾气还挺大，要你有什么用，不如死了算了！"妻子一气之下寻了短见，丈夫后悔已经来不及了。

这样的例子在日常生活中屡见不鲜。这类说"过"了、说"绝"

了的话，虽然有一些是言不由衷的气话，但是对方听来，却很伤心，故常常引起争吵、嫉恨甚至反目成仇。俗话说"过火饭不要吃，过头话不要说""话不要说绝，路不要走绝"，正是对上述不良谈吐的告诫。

如果听话的人是一个非常明白事理的人，你说的话就不必太重，蜻蜓点水，点到即止，一点即透，因为对方就像一面灵通的响鼓，鼓槌轻轻一点，就能产生明确的反应。对这样的人，你何必用语言的"鼓槌"狠狠地擂他呢？

赵明是工厂的一名班组长。最近他的班组调来一个名叫王楠的人，别人对王楠的评语是：时常迟到，工作不努力，以自我为中心，喜欢早退。王楠之前的班组长对他都束手无策。第一天上班，王楠就迟到了5分钟，中午又提前5分钟离开班组去吃饭，下班铃声响前的10分钟，他已准备好下班，次日也一样。赵明观察了一段时间，发现王楠缺乏时间观念，但工作效率却极佳，而且成品个个优良，都能在质管部门顺利通过。于是，赵明微笑着对王楠说："如果你时间观念和你的工作效率同样优秀，那么你将成为一个完美的人。"以后赵明每天在王楠迟到或早退时都说这句话。时间久了，王楠反而觉得过意不去了，心想：过去的班组长可能早就对我大发雷霆了，至少会斥责几句，但现在的班组长反而夸我效率优秀。

感到不安的王楠，终于在第三周的星期一准时上班。站在门口的赵明看到他，便以更愉快的语气和他打招呼，然后对换上工作服的王楠说："谢谢你今天能准时上班，我一直期待这一天，这段日子以来你的成绩很好，如果你发挥潜力，一定会得优良奖。"

赵明对待王楠的迟到，没有采取喋喋不休的方式批评而是点到为止且以激励为主，让其主动改正错误。

小宋是一位小学语文教师，他不满某些社会现象，爱发牢骚，甚至在课堂教学中有时也甩开教学内容，大发牢骚。很显然，他缺乏教师这个角色应有的心理意识。校长了解这种情况后，与他进行了一次交谈。校长说："你对某些社会不良风气反感，对教师待遇低表示不满，这是可以理解的。心中有气，尽管对我发吧，但是请你千万不要在课堂上发牢骚。孩子的心灵本是纯真幼稚的，他们对有些事缺乏完全的了解和认识，你与其发牢骚，何不把那份精力用来给学生讲讲如何振兴祖国？这才是一个称职的教师应该做的。"听了校长这一番语重心长的话，小宋认识到当教师确实不能随意把这种牢骚满腹的心理状态表现出来，不然，会对学生产生不良的影响。从此以后，他再也没有在课堂上发牢骚了。

校长如果不把握说话的轻重，直接说："你这样做是缺乏修养的表现，不配做一个教师。"那么结果又会怎样呢？

说话要把握轻重，点到为止，给人留住面子，才能达成沟通的目的。

发生冲突时切忌失去理智

人与人之间难免因某种原因产生冲突，如果把话说得过重，难免会使矛盾激化；相反，如果压制自己的情绪，则会让事情平息下来。

得过直木奖的日本作家藤本义一，是位知名人物。一次，他的女儿超过了晚上时限10点钟，于12点方才带醉而归。开门的藤本夫人自是训斥了她一顿，之后还说："总而言之，你还是得向父亲道个歉。"

顿时，女儿清醒了不少，感到大难就要临头了，于是便怯怯地走到父亲的卧房门口，面色凝重的父亲却只说了句："我很失望！"之后便愤然关上卧房门，留下了无言的女儿呆呆站在那里。

虽然只是一句话，却唤醒了女儿反省的心；晚归之事，自此便不再发生。

为人父母者都有责备孩子的经历，多半也了解孩子可能有的反抗心，所以要他们反省是相当困难的。通常会先说一句："你是怎么搞的，我已经说过多少次……"想让他们了解并且反省，此时他们若有反抗的言行，父母又会加一句："你这是什么态度！"然后说教个没完。

越是如此责骂，孩子的反抗心越是高涨，而父母越是希望他们反省，反而越是得不到效果，于是情况变得更糟。但藤本义一的这种做法，话不多说，点到为止，反倒促使女儿因惭愧而自我反省了。

藤本夫人的一顿训斥，已足够引起女儿的反抗心，但藤本先生却巧妙地将它压抑住，反而使女儿的内心感到十分歉疚；因为父亲的一句"失望"，实胜过许多无谓的责骂，她除了愧疚，实在无话可说。

压制自己的情绪，在遇到愤怒的事情时，切勿失去理智，口不择言。通常有些"过头话"是在情绪激动时脱口而出的，人们为了战胜对手，往往夸大其词，着意渲染，"攻其一点，不及其余"，甚至使用污言秽语。如夫妻吵架时，丈夫在火头上说："我一辈子也不想见到你！"这话显然是气话、"过头话"，是冲动状态下的过激之言。事过之后，冷静下来，又会追悔莫及。所以，在情绪激动时，要特别注意控制，切莫"怒不择言"，出语伤人。同时，因为对方气愤之下说话难免很冲、带刺，如果你也采取同样的态度回击，矛盾会愈演愈烈，最好的办法是避其锋芒。钢刀砍在石头上，肯定会溅起火星，如果钢刀砍在棉花上，则力道顿消。你若能心平气和、温言软语，对方一定不会再强硬下去。历史上廉颇与蔺相如"将相和"的故事就告诉我们：在与有误解或隔阂的人相处时，应避其锋芒，不要硬碰硬，不说过头话，使用的语气不要咄咄逼人，如果一方能主动示弱，便有利于矛盾的化解。

评价他人不能把话说得太满

对他人做评价应格外慎重，尤其是对自己不喜欢的人做否定性评价时，更应注意公正、客观，不要言辞过激，最好少使用"绝对性"词语。如果某下属办糟了一件事，在批评时，某领导说："你呀，从来没办过一件漂亮事！"这话就说得过于绝对，对方肯定难以接受。如果这样批评："在这件事上，我要批评你，你考虑得很不周到！"这样有限度的批评，对方就会心服口服，低头认错。因此，对他人做肯定或否定性评价时，要注意使用必要的限制性词语，以便对评价的范围做准确的界定，恰当地反映事物的性质、状态和发展程度。只否定那些应该否定的，千万不要不分青红皂白，简单地"一言以蔽之"。

妙语精言，不以多为贵。领导者在批评下属的过错时，要用听起来简单明了、浅显易懂但含义深刻、耐人寻味的语言，使出现过错的人经过思考，便能很快醒悟，接受批评，改正过错，吸取教训，不断前进。

同样，不加限定地一味肯定他人，也容易给人一种虚假、轻浮的感觉。把握关键点，给予对方肯定的赞美，对方会对你的美意"照单全收"。

表达观点忌武断宜含蓄

一般人并不怕听反对自己的意见，不过人人都愿意用自己的大脑去考虑各种问题；对于自己没接触过的事情，往往会多听一听，多看一看，然后再下判断。

为了给别人考虑的余地，你要尽量缓冲你的判断结论。把你的判断限制一下，声明这只是你个人的看法，或者是你亲眼看到过的，因为可能别人跟你有不尽相同的经验。

除极少数的特殊事情外，日常交往中，你最好能避免用类似这样的语句来说明你的看法：如"绝对是这样的""全部是这样的"，或者"总是这样的"。你可以说"有些是这样的""有时是这样的"，或者说"大多数人都是这样的"。

对自己没有亲历或不了解的事，或存有疑点的问题发表看法时，要注意选择恰当的限制性词语，准确地表达。如说："仅从已掌握的情况来看，我认为……""如果情况是这样的话，我认为……""这仅仅是个人的意见，不一定正确……"这些说法都给发言做了必要的限制，不但较为客观，而且随着掌握的新情况的增多，可以发表进一步的意见或纠正自己原来的看法，较为主动。

事实尚未搞清时，或涉及面广时，以及自己不明就里时，都不宜说过头话，而应借助委婉、隐蔽、暗喻的方式，由此及彼，用弦外之音巧妙地提示批评内容，让人自己思考和领悟，使这种批评达到"藏颖词间，露锋文外"的效果。例如：可以通过列举和分析现实中他人的是非，暗喻其错误；通过列举分析历史人物是非，烘托其错误；也可通过分析正确的事物，比较其错误等。此外，还可采用多种暗示法，如：故事暗示法，用生动的形象增强感染力；笑话暗示法，既有幽默感，又使他不尴尬；轶闻暗示法，通过轶闻趣事，使他听批评时，即使受到点影射，也易于接受。总之，通过提供多角度、多内容的比较，使人反思领悟，从而自觉愉快地接受你的意见，改正错误。

说话避开别人的痛处

每个人都有自己的忌讳，都讨厌别人提及自己的忌讳。说话时如不小心就会冲撞了对方，会引起别人的反感，甚至招来怨恨。

小马先天秃头。一天，大家在一起聊天，得知小马的发明专利被批准了，小陆快嘴说道："你小子，真有你的，真是热闹的马路不长草，聪明的脑袋不长毛。"说得大家哄堂大笑，小马的脸也红了起来。

开玩笑的人动机大多是良好的，但如果不把握好分寸、尺度，就会产生一些不良的后果。所谓"说者无心，听者有意"。因此掌握说话的艺术需要我们在生活中多观察、多总结，避开别人的痛处，只有这样，才能够准确恰当地与他人沟通。

在生活中，夫妻双方发生争执是很正常的事，但有的人口不择言，喜欢揭对方短处或对方丑处，甚至当众让对方出洋相，让对方无地自容，从而让自己占上风。比如丈夫对妻子说："女人嘛，做得好不如嫁得好。你不但不'会做'，就是'会做'，若不是嫁给我，你今天能活得这么滋润，这么尊贵吗？"或者说："别以为你拿了大本文凭就有什么了不起的，蒙得了别人，蒙不了我，不就是拿钱买来的吗？"比如妻子对外人说："我家那位啊，在别人面前人模人样，在家里我让他学鸡叫就学鸡叫，我让他学狗爬就学狗爬，熊样儿！"这样的话很伤人自尊，但偏有人十分喜欢说，意在显示优越感，不落下风。

　　亲朋处于痛苦中，你出于关心进行安慰，这是一番好意，但如果在安慰时不注意，揭了人家的疮疤，那可真是火上浇油。一个人失恋了，伤心不已，不能自拔。这时最合适的安慰方法是和失恋者一起找一些快乐的事做，让他（她）慢慢消减痛苦，同时应避开一些话题，比如不应不分青红皂白，故作高深地来一句："我早就看出他（她）不是好东西。""他（她）这是存心骗你，当初说爱你的那些话都是假的。""你不知道他（她）是在利用你啊？"使失恋者伤心之余，又多了堵心和寒心。

　　如果真的不小心戳到了别人的痛处，应该尽快采取补救措施，比如转移话题。

　　某学生寝室，初到的新生正在争排座次。小林心直口快，与小王争执了半天，见比自己小几日的小王终于排到末座，便说道："好啦，你排在最末，是咱们寝室的宝贝疙瘩，你又姓王，以后就叫你'疙瘩王'啦。"说者无心，听者有意。原来小王长了满脸的疙瘩，每每深以为恨，此时焉能不恼？小林见又惹来了风波，心中懊悔不已，表面上却不急不恼，巧借余光中看到的诗句揽镜自顾道："'蟋在两腮分，依在耳翼间，迷人全在一点点。'唉，这真是'一波未平，一波又起'呀！"小王听了，不禁哑然失笑——原来小林长了一脸的雀斑。

同女士交谈要注意距离

　　一个男子在火车站候车，看见坐在身边的一位女士光彩照人，穿着一双很好看的丝袜，便凑上去搭讪。

男子："你这双袜子是从哪儿买的？我想给我的妻子也买一双。"

女士："我劝你最好别买，也不要穿这种袜子，会招来一些不三不四的男人找借口跟你妻子搭讪。"

女士的回答再简练不过，分量却极重，直说得那个男子面部肌肉痉挛。在前后一问一答中，虽然话题同为一个——袜子，但是，一个是女士穿着，另一个是要给妻子买，女士从中寻到一个一语双关的进攻点，即你妻子穿上会招来一些不三不四的男人搭讪，让这个或许有点居心不良的男子很下不来台。

男子因为某些话题被女士搞得很尴尬，这并不鲜见。究其原因，可能是男性更外向，女性更内向，更矜持一些。许多男性因为缺乏对女性的了解而使交谈进行得并不愉快。所以，男性同女性交谈，一定要对她们的心理有一定的了解，注意男女有别，保持应有的距离，而不能把男人圈里的东西随便搬过来。

女士大多善于表达，沟通的欲望通常比男性强，但沟通大多偏感性，所以女性交谈时容易忘记正事、正题，这就需要男性及时将话题转移到要谈的事情上。男性要充当"谈话"的引导者，以免交谈变得漫无边际。

女性的观察力很强，但她们对具有逻辑推理的幽默语言有时反应要慢一些，她们得慢慢地理解、消化。所以第一次同她们讲话，尽量不要用一些夸张的语言或说一些俏皮话，否则容易产生误解，如"你今天的发式真漂亮，连白云见了都会躲起来"，这样的话容易让女性敏感地同"白发""乱发"联想，而不会联想到"秀发如云"。

女性大都喜欢听赞扬的话，但赞扬不可太露骨，要含蓄一些。对于那些年轻貌美、性格开朗的女性，可以赞扬她容貌的靓丽，如"你长得真漂亮，很清纯"；对那些性格内向的女性，不可直言赞扬，而应委婉地说"你很文静，也很漂亮"，否则你会被认为不正经、轻佻；对相貌平平的女士，则可以称赞"你很有气质，一看便知是一名知识女性""一看你就能感到你是一个善良的女性"，这样说对方会感到非常高兴。

不了解女性的生活背景，不要轻易询问她的年龄、婚姻及薪酬情况，可以先问一问她的父母、亲人、学历、工作等情况。如果你对她一见钟情，迫切想了解她的私生活，可以问："你是同父母住在一起吗？"如果对方对你有好感且愿意相交的话，会如实告诉你。切不可初次见面就问"你丈夫在什么单位工作？""你同丈夫感情还好吗？"一类让人反感的话。

女性不轻易拒绝别人，而往往用沉默、注意力转移或假装没听见来委婉地表示推辞。遇到这种情况，你应立即结束交谈或者转移到其他话题，不要等到人家下了逐客令，你再起身告辞，那会很没面子的。

别人说话时，不要轻易打断

讲话者最讨厌的就是别人打断他的讲话，因为这在打断他的思路的同时，又让他感觉到你不尊重他。事实上，我们常常听到讲话者这样的不平："你让我把话说完，好不好？"善于听别人说话的人，不会因为自己想强调一些细枝末节，想修正对方话中一些无关紧要的部分，想突然转变话题，或者想说完一句刚刚没说完的话，就随便打断对方的话。经常打断别人说话会让别人对你形成不善于倾听、个性偏激、不懂礼貌、很难沟通的印象。

客户经理正在和客户谈一个项目，争论最激烈的时候，他手下的一个员工闯了进来，插嘴道："经理，我刚才和哈尔滨的客户联系了一下。他们说……"接着就说开了。经理示意他不要说了，而他却越说越津津有味。客户本来就心情不大愉快，见到这样的情景更是不满，就对客户经理说："你先跟你的同事谈，我改天再来吧。"说完就走了。这位下属乱插话，搅黄了一笔大生意，让经理很是恼火。

随便打断别人说话或中途插话，不仅是有失礼貌的行为，还往往在不经意之间就破坏了自己的人际关系。

比如，上司在安排工作的时候，你中途插嘴表示意见。这不仅会让上司认为你很轻率，还会让上司觉得你蔑视他；如果碰到性格暴躁的上司，他恐怕会怒喝："你闭嘴！听我把话说完！"

那些不懂礼貌的人总是在别人津津有味地谈着某件事情的时候，冷不防地半路杀进来，让别人谈兴顿消，不得不偃旗息鼓。这种人不会预先告诉你，说他要插话了。他插话，有时会不管你说的是什么，而将话题转移到自己感兴趣的方面去，有时是把你的结论代为说出，以此得意扬扬地炫耀自己。无论是哪种情况，都会让说话的人顿生厌恶之感，因为随便打断别人说话的人根本就不知道体谅别人。

虽说打断别人的话是一种不礼貌的行为，但"乒乓效应"则例外。所谓的"乒乓效应"，是指听人说话的一方要适时地提出切中要点的问题或发表一些意见或感想，来响应对方的说法。还有，如果听漏了或是听不懂某些内容的时候，要在对方的话暂时告一段落时，迅速地提出疑问之处。

当然，如果对方与你说话的时间明显拖得过长，他的话不再吸引人，甚至令人昏昏欲睡，或者他的话题越来越令人不快，甚至已经引起大家的厌恶，你就有必要中断对方的讲话了。这时，你也要考虑在哪一个段落中断为好，同时，也应照顾到对方的感受，避免给对方留下不好的印象。

要在与人交际时获得好人缘，要让别人喜欢你、接纳你，就必须摒弃随便打断别人说话的陋习，在别人说话时千万不要插嘴，做到：不要用不相关的话题打断别人说话；不要用无意义的评论干扰别人说话；不要抢着替别人说话；不要急于帮助别人讲完事情；不要为争论鸡毛蒜皮的事情而打断别人。

有一次，在收音机的广播辩论中，美国的拉夏与当时坦桑尼亚担任联合国大使的约翰·马拉塞拉就罗得西亚问题展开辩论战。主持人约翰·马卡佛利为了给马拉塞拉大使与拉夏均等的发言时间而煞费苦心。因为这位大使在工作中养成了想要说话时，要说多久就说多久的习惯。更令人难堪的是，当拉夏陈述自己的论点时，他会不时插话，加以反驳，还就势阐述他自己的意见。

被这样打断两三次后，拉夏忍无可忍，决定反击。当马拉塞拉大使又一次肆无忌惮地插话时，拉夏提高声调用平淡的节奏重复地喊出自己的抗议："大使，请您不要打断我说话。那是不雅的。大使，请您不要打断我说话。那是不雅的。……"

培根曾说："打断别人随意插话的人，甚至比发言冗长者更令人生厌。"打断别人说话是一种非常无礼的行为，所以我们要养成不随便打断对方说话的习惯。别插嘴，你有说话的权利，对方也有说话的权利。

第三章

完美的声音为交流加分

培养受人欢迎的语调

语调是语言表达的第二张王牌。所谓语调，就是说话的腔调。从严格定义上说，语调应表述为：整句话和整句话中某个语言片段在语音上的抑扬顿挫，包括全句或句中某一片段的声音的高低变化，说话的快慢（即音的长短和停顿）以及轻重等。在口语交谈中，语调往往比语义能传递更多的信息，能对听众的心理产生极其微妙的特殊作用，因此更为重要。

在波兰有位明星，人们都称她为摩契斯卡夫人。一次她到美国演出时，有位观众请求她用波兰语讲台词。于是她站起来，开始用流畅的波兰语念出台词。观众们虽然不了解她台词中的意义，却觉得听起来令人非常愉快。

摩契斯卡夫人接着往下念，语调渐渐转为低沉，最后在慷慨激昂、悲怆万分时戛然而止。台下的观众鸦雀无声，同她一起沉浸在悲伤之中。而这时，台下传来一个男人的笑声，他就是摩契斯卡夫人的丈夫——波兰的摩契斯卡伯爵，因为他的夫人刚刚用波兰语念诵的是九九乘法表！

从这个故事中我们可以看到，语调的不同竟然有如此不可思议的魔力。即使不明白其意义，也可以使人感动，甚至可以完全控制对方的情绪。

此外，语调还起着润色语言的作用，它可以促进思想沟通，使语言表达更加清晰明确，从而增强语言的表现力。因此，学会运用语调，对于提高语言表达能力是十分重要的。

语调能反映出你说话时的内心世界，表露你的情感和态度。当你生气、惊愕、怀疑、激动时，你的语调也一定有所变化。从你的语调中，人们可以感到你是一个令人信服、幽默、可亲可近的人，还是一个呆板保守、具有挑衅性、阿谀奉承或阴险狡猾的人。你的语调同样也能反映出你是一个优柔寡断、自卑、充满敌意的人，还是一个诚实、自信、坦率以及尊重他人的人。

所以，我们说话时，要能够让言语随声音深入人心，这样才能达到说服别人的目的。因此，在表示有疑问的时候，你可以稍微提高句尾的声音；要强调的时候，声音的起伏可以更大些；要表现强烈的感情时，可以把调子降低或逐渐提高。总之，绝对不要使你的语气单调，因为音阶的变化会加强你的说服力，你的热情会在音阶的变化中展现，并且能够感染听者，从而产生说服的力量。

如果你在说话时，只是抓住了字词的表面意义，那么你只是用"借来的字词"在传达而已，你并不是个很高明的说话者。你应该把这些字词的意义充分地表达出来，并且加上你对它们的爱，你的表达才是完整的，你的感情才能充分地表露出来。

培养恰如其分的节奏

节奏不是外加的东西，它取决于说话的内容和交谈双方的语境，靠起伏的思绪遣词造句，靠波动的情感多层衍进。人们在说话、朗读和演讲中，速度的快与慢、情绪的张与弛、语调的起与伏、音量的轻与重等，变化对比，就形成了节奏。节奏在口语中起着重要作用。

节奏主要表现人的心理的运动变化，不同的口语节奏具有不同的形象内涵和不同的感情色彩。适当的节奏，有助于表情达意，使口语富于韵律的美感。

与口才出色的人谈话简直是一种享受。他们说话时，抑扬顿挫，引人入胜，就像一个出色的钢琴家，将语言的节奏当作钢琴的琴键，弹奏出一曲动人心弦的乐曲。他们对语言节奏的掌握可谓驾轻就熟。

下面几种语言节奏较为常用，若能有效地掌握，也能起到打动人心的效果。

1. 高亢型

高亢的节奏能产生威武雄壮的效果，声音偏高，起伏较大，语气昂扬，语势多上行。多用于鼓动性强的演说，叙述一件重大的事件，宣传重要决定及使人激动的事。

2. 低沉型

这种节奏具有低缓、沉闷、声音偏暗的效果。语速偏慢，语气压抑，语势多下行。常用于悲剧色彩的事件叙述或慰问、怀念等。

3. 凝重型

这种节奏听来一字千钧，句句着力。音量适中，语速适当，声调既不高亢，也不显低沉，重点词语清晰沉稳，次要词语不滑不促。适合用于发表议论和某些语重心长的劝说、抒发感情等。

4. 轻快型

轻快型节奏是最常见的，多扬少抑，听来不着力。日常性的对话、一般性的辩论，都可以使用这类型的节奏。

5. 紧张型

紧张型节奏，往往显示迫切、紧急的心情。声音不一定很高，但语速较快，句中不延长停顿。宜用于重要情况的汇报，必须立即加以澄清的事实申辩等。

6. 舒缓型

舒缓型节奏，是一种稳重、舒展的表达方式。声音不高也不低，语速从容，既不急促，也不大起大落。说明性、解释性的叙述，学术探讨等宜用这种节奏。

以上六种节奏分别用于不同的场合、不同的环境，但又互相渗透，有主有辅，只有适当把握，才能显示出技巧的内在力量。

人们在表达欢乐、兴奋、惊惧、愤怒、激动的思想感情时，语速一般较快；在表达忧郁、悲伤、痛苦、失望或心情沉静、回忆往事的心理活动时，语速一般较慢。当然，也有例外的情况，如内心的思想感情很紧张、很激动或很愤怒的时候，语速却是平缓的，而听众正是从这种平缓的节奏中，感觉到说话者内心感情在强烈地变化着。

总之，缺乏节奏感的语言是平淡呆板的，而节奏感强的语言抑扬顿挫，富有表现力，是吸引听者的最大秘诀。

调整好说话的语气

说话都离不开语气。在一句话中，不但有遣词造句的问题，而且有用怎样的语气表达，说话才准确、鲜明、生动的问题。

抗日战争时期，郭沫若在台下观看自己创作的五幕历史剧《屈原》的演出，他听到婵娟痛斥宋玉："宋玉，我特别恨你，你辜负了先生的教训，你是没有骨气的文人！"

郭沫若听后，感到"你是没有骨气的文人"这句话骂得还不够分量，就走到后台去找"婵娟"商量："你看，在'没有骨气的'后面加上'无耻的'三个字，是不是分量会重些？"

这时，正在一旁化妆，扮演垂钓者的演员张逸生，灵机一动，插了话："不如把'你是'改为'你这'，'你这没有骨气的文人'，这多够味，多么有力！"

郭沫若拍手叫绝，连称："好！好！"

这一字之改，不仅使原来的陈述句变为坚决的判断句，而且使语言有了浓烈的感情色彩，语气也更加有力，婵娟的愤怒之情溢于言表。一个人只要驾驭了语气，就能够出口成章。要达到驾驭语气的基本要求，以下三点建议可供参考。

1. 掌握语气的特点

语气包含思想感情、声音形式两方面内容，而思想感情、声音形式又都是以语句为基本单位的。因此，语气的概念又表述为"具体思想感情支配下的语句的声音形式"。语音作为语言的物质外壳，是语气表达所必须依据的支持物。语言有表意、表情、表态的作用，语气也相应地分为以下三种：

（1）表意语气。表意语气指的是向对方传递某种信息。如陈述、疑问、祈求、命令、感叹、催促、建议、商量、呼应等。这种语气词或独立成小句，或用于小句末，或用于整个句子末尾。指明事实，提请对方注意，用"啊、呢、嗯"等；催促、请求用"啊、吧"；质问、责备用"吗"，如与副词"难道"搭配，语气更为强烈；说理一般用"嘛"和"呗"；招呼、应呼用"喂"；揣测用"吧"。

（2）表情语气。表情语气是谈话中表现的感情。如赞叹、惊讶、不满、兴奋、轻松、讽刺、呵斥、警告等。赞叹用"呵、啧"，句中常有"多"字搭配；惊讶用叹词"啊、哎、哟、咦"；叹息用"唉"；制止、警告用"嘘、啊"；醒悟用"哦"；鄙视用"呸"，等等。

（3）表态语气。表态语气，就是对自己的说话内容表示某种态度。如肯定、不肯定、否定、强调、委婉、和缓等。肯定用"得了（是）……的"；缓和用"啊、吧"，语气显得平淡，不生硬；夸张用"呢、着呢"。

2. 改变不良的习惯语势

人在社会化的过程中，由于受社会、家庭和个人的某种语言习惯的影响，形成了个人独特的习惯语势，因此要尽早克服那些不符合语气要求的习惯语势。

有的人讲话声音变化很大，总是一开口声音很高、很强，到后来越说越低、越弱，句尾的几个字几乎听不到。这种头重脚轻的语势使语意含混，容易造成听话人的疲劳感。有的人讲话，总是带有一种"官腔"，任意拖长音，声音下滑，造成某种命令、指示的意味。有的人讲话，则喜欢在句尾几个字上用力，使末一个字短促，语气强，给人以强烈感、武断感，容易让人不舒服。把握语气主要是做到句首的起点要参差不一，句腹的流动要起伏不定，句尾的落点要错落有致，这样就能使语气气象万千。正确地运用语势，就会对每句话的表达从语意上得以具体把握。这种把握是驾驭语气的基本内容。

3. 根据不同场合调整语气

要取得良好的效果，有声语言的表达，必须考虑场合、对象、时机等因素，要根据不同场合、不同时机、不同环境和不同对象的语言交流特点，灵活恰当地运用语气的多种形式，做到适时而发。

（1）因人而异。驾驭语气最重要的一条是语气因人而异。语气能够影响听话者的情绪和精神状态。语气适应于听话者，才能同向引发，如喜悦的语气会引发对方的喜悦之情，愤怒的语气会引发对方的愤怒之意；语气不适应于听话者，则会逆向引发，如生硬的语气会引发对方的不悦之感，埋怨的语气会引发对方的满腹牢骚等。判断说话语气的依据是一个人内心的潜意识。语气是有声语言最重要的表达技巧。掌握了丰富、贴切的语气，才能使我们的思想感情处于运动状态，不时对谈话人产生正效应，从而赢得交际的成功。

（2）因地而异。把握语气要注意说话的场合，这是十分必要的。一般来说，场面越大，越要注意适当提高声音，放慢语速，把握语势上扬的幅度，以突出重点；相反，场面越小，越要注意适当降低声音，适当紧凑词语密度，并把握语势的下降趋向，追求自然。不同场合，应运用不同的语气。在谈话的场合和演讲的场合、论辩的场合和对话的场合、严肃的场合和轻松的场合、安静的场合和嘈杂的场合等，都要根据情况使用不同的语气。

（3）因时而异。同样一句话，在不同时候说，效果往往大相径庭。抓住时机，恰到好处地运用适当的语气，才会产生好的效果。

字正腔圆，音色甜美

要想使说话具有艺术性，首先要有正确的发音，对于每个字，都必须发音清楚。清楚的发音来自平时的练习：模仿专业人士的吐字发音，多朗读书报，多跟读广播、电视里的谈吐等，这些对正确发音均有极大的帮助。在说话时，对于每个句子的表述要直白易懂，避免用艰涩词汇，千万别以为说话时用语艰深，就是自己有学问；其实，这样说话不但会使人听不懂，而且会令人反感。当然，良好的表达应该多用通俗的语句，而且有丰富的词汇，使内容多彩多姿，扣人心弦。

口语主要是依靠声音传播信息，进行交流。口语的声音是以每个转瞬即逝的音节组成的，某些音节又相似易混，如果发音不准，很难听清。所以，在口语表达上一定要注意语音准确，吐字清晰。

口语是由语音决定的，因此在训练口语表达能力的过程中，就要想办法提高语音质量。

1. 念准字音

念准字音是有效交流的第一要素，要念准字音就要尽可能使用普通话，避免方言发音带来的误读误听。下面这个故事说明方言发音可能会带来不小的麻烦。

西南某地的采购员小A到武汉出差。他走进百货商场，看到柜台上摆着的小水壶挺好，想买一个，便高兴地叫道："哇，小媳妇（小水壶），挺漂亮！多少钱一个，我要一个！"售货员是位20岁出头的姑娘，听他喊"小媳妇"，便认为他心术不正，气得骂了一声"流氓！""6毛？"小A想，6毛一个可真便宜，多买几个。于是他说："6毛就6毛，你这儿的'小媳妇'我都要啦！"这下把姑娘气坏了，姑娘骂他无耻。小A一听，这是什么话，售货员怎么骂人，就说：

"我要'小媳妇'嘛，你怎么骂起人来了？"结果，双方大吵起来。

这是由于方言差异，发音不准造成的一场误会。只要我们在平时多练习吐字发音，掌握发音规律，尽可能说规范的普通话，就不会产生这样的误会了。

2. 避免读音错误

汉语的语言非常复杂，尤其是一字多音的异读变化和某些疑难读音，确实难以完全读准。这就需要下功夫苦练。

几年前，曾有一位女播音员把"水獭（tǎ）"读成"水赖（lài）"，有人戏称她为"水赖小姐"。还有一位当时小有名气的男播音员，把"鬼鬼祟祟（suì）"读成了"鬼鬼崇崇（chóng）"，被人戏称为"鬼崇先生"。在日常生活和工作中，不识某字、不辨某词的情形谁都会遇到，但在语音辨析方面，要注意避免"想当然""读半边"的误读。平时要多掌握一些一字多音的异读，还要特别注意历史上某些词语的音节不能弄错，例如"禅"，凡表示帝王祭祀活动或将帝位让给他人时，一律读shàn音，如"禅让"，而用于佛教中，读chán音，如"坐禅""参禅"。

口语表达要做到语音准确，还有一个问题需要注意，就是尽量避免音同而义不同的词语，例如"译员"与"议员""缺点"与"缺碘""全不"与"全部"等许多含义不同的词，在口语中由于语音相同而容易混淆，造成表意错乱。因此，对于音同而义不同的词，要尽量选用语音不同的同义词，如把"译员"说成"翻译"，就不会与"议员"混淆了。

3. 加强音色训练

要想说话音色圆润，就得通过刻苦的训练。音色训练分口部训练和发声运气训练两方面。

（1）口部训练

1）口部的开合练习。张嘴像打哈欠（打牙关、挺软腭），闭嘴如啃苹果（松下巴）。开口的动作要柔和，两嘴角向斜上方抬起，上下唇稍放松，舌自然平放。经常做这个练习，可以克服口腔开度小的问题。

2）咀嚼练习。张口咀嚼与闭口咀嚼结合进行，舌自然平放，反复练习。

3）双唇练习。一个方法是双唇闭拢向前、向后、向左、向右、向上、向下及左右转圈。另一个方法是双唇打响。

4）舌部练习。舌部练习方法较多，分列如下：

a.舌尖顶下齿，舌面逐渐上翘。

b.舌尖在口内左右顶口腔壁，在门牙上下转圈。

c.舌尖伸出口外向前伸、向左右伸、向上下伸。

d.舌尖弹硬腭，弹上唇，练习其弹性。

e.舌尖与下齿龈接触打响。

（2）呼吸发声练习

1）慢吸慢呼。立定站稳或一只脚稍靠前，双目平视前方，头放正，双肩放松，用鼻子吸上一口新鲜空气。保持几秒钟，然后再轻缓地呼出。

2）快吸慢呼。当你看到一封意想不到的来信时，你会迅速而短促地吸一口气，并保持气息，喊一声"啊"，然后保持着吸气状态。你可以经常假想这种状态反复练习，可以延长呼气时间，对吐字清晰、掌握运气有帮助。

上述方法，只要坚持练习，就可以使你的发音准确，使你的音色圆润。

让你的眼睛会说话

"眼睛是心灵的窗户"。一个人的内心世界是个什么模样，都可以通过这扇窗户透露出来。与人交往时，自身的喜、怒、哀、愁、乐，用不着开口说话，只凭眼睛的神态就能传递出内心的情感；别人也不一定要听完你说的话才能获取信息，只需看看眼睛的神态，就能领悟你内心的活动，知道你究竟想表达什么意思。眼神所传达的感情，往往超过有声言词所发送的。所谓"会说话的眼睛"就是由此而得。

无产阶级革命导师马克思、恩格斯、列宁都十分善于运用眼神。

保尔·拉法格回忆马克思说："当某一个人在谈话中说出几句俏皮话或机敏的答辩时，他的黑眼睛便在浓密的眉毛下快活而嘲弄地闪动起来。"

李卜克内西回忆恩格斯说："他在观察人和事物的时候，不是用玫瑰色眼镜或黑色眼镜，而是用明察秋毫的目力。他的目光从不停留在事物的表面，而总是要洞悉底蕴。这种明察秋毫的目力，这种慧眼，这种自然之母只赋予少数人的洞察力，都是恩格斯所有的。这一点我在第一次会见他的时候就觉察到了。"

普·凯尔任采夫回忆列宁说："他演说时的姿态，他的淳朴，他那双目光炯炯能看到人们内心深处的眼睛——都使我觉得是非凡的。"

眼神是运用眼的神态和神采来表达感情、传递信息的无声语言。在面部表情中，是最生动、最复杂、最微妙也是最富有表现力的。眼睛是心灵的窗户，而眼神千变万化，表露着人们丰富多彩的内心世界。正如苏联作家费定的小说《早年的欢乐》中所描写的那样："……眼睛会发光，会发火花，会变得像雾一样黯淡，会变成模糊的乳状，会展开无底的深渊，会像火花跟枪弹一样向人投射……会质问和拒绝，会取得和给予，会表示恋恋之意……"眼神中的语言，远比口头的语言来得丰富。

在与人交谈中，正视对方，表明对对方的尊重；斜视对方，表明对对方的蔑视；看的次数多，表明对对方的好感和重视；看的次数很少或不屑一顾，表明对对方的反感和轻视；眼睛眨动的次数多，表示喜悦和欢快，也可表示疑问或生气；眼睛眨动的次数少甚至凝视不动，表示惊奇、恐惧和忧伤；如果不敢直视对方，可能是因为害羞，也可能有什么事不愿让对方知道；如果怀有敌意的双方互相紧盯着，其中一方突然把眼光移向别处，则意味着退缩和胆怯；如果谈判时有一方不停地转动着眼球，就要提防他打什么新主意或坏主意；如果是频繁而急促地眨眼，也许是表示羞愧、内疚，但也可能表明他在撒谎……

配合着眉毛的变化，眉目中的传情表意则更是宽泛多变。欢乐时眉开眼笑，眉飞色舞；忧愁时双眉紧锁；愤怒时横眉怒目；顺从时低眉顺眼；戏谑时挤眉弄眼；畅快时扬眉吐气等。

演讲时特别注重眼神的运用。一般来说，不同的眼神表达着不同的情感，目光明澈表示胸怀坦荡，目光狡黠表示心术不正，目光炯炯表示精神焕发，目光如豆表示心胸狭窄，目光执着表示志向高远，目光浮动表示轻薄浅陋，目光睿智表示聪明机敏，目光凝滞表示心事重重，目光坚毅表示自强自信，目光衰颓表示自暴自弃。除此之外，故弄玄虚的眼神乃是高傲自大的反映，神秘莫测的眼神则是狡诈奸猾的反映。

眼神的表达丰富多彩。得体地运用目光语会令你的演讲增添光彩。

孟子说："存乎人者，莫良于眸子，眸子不能掩其恶。"柯云路说："目光是一种更微妙、更有力的语言。"确实，眼睛是人体发射信息最主要的器官，是人体最鲜明的机器。当人们彼此进行交流时，凝视的时间、眼睛的开闭、瞬间的眯眼以及其他许多细小变化和动作都能向对方发出信息。

讲话者在和人交流时，不仅要倾听对方的谈话，而且眼睛适当地看着对方，能给对方一种受到尊重、受到重视的感觉，这样的谈话一般会收到良好的效果。但也有不少人，讲话时两眼死盯着讲稿或仰望天花板，或左顾右盼、东张西望，使人感到他"目中无人"，不知他心里在想着什么，这样的效果自然不会好。法国前总统戴高乐在做公开演说或电视讲话时，从不戴眼镜，要同法国人"眼对着眼地"讲话，因为他对用眼睛交流思想感情的作用极为重视。

因此，和人谈话时，一定要根据谈话的对象，谈话的内容、场合、气氛，恰当地运用眼神，这样才会有良好的谈话效果。

保持微笑

微笑是一种良性的脸部表情，反映出一个人的内心世界，是自信的标志、礼貌的象征、涵养的外化、情感的体现。微笑具有无边的魅力，在和别人交往时，你的微笑胜过千言万语。

微笑可以以柔克刚，以静制动，沟通情感，融洽气氛，缓解矛盾，消融坚冰，为口才表达的成功打下良好的基础，是善意的标志、友好的使者、成功的桥梁。

发自内心的微笑是人们美好心灵的外现，也是心地善良、待人友好的表露，是一个人有文化、有风度、有涵养的具体体现。一个有口才的人，就应该是这样的一种人。要做说服人的工作，要参加辩论和谈判，首先要打动他人的心；而动其心者莫先乎情，表情中最能赢得人心的是微笑。发自内心、表达真情实感的微笑，是提高说服力的有力武器，也是说服、辩论和谈判取得成功的秘诀之一。

下列场合可运用微笑技法：

（1）表达赞美、歌颂等感情色彩时应微笑。此时要博得别人笑，自己首先要笑。

（2）上台与下台时应微笑。这样可拉近与听众的距离，把良好的形象留在听众心中。

（3）面对听众提问时送上一缕微笑是无声的赞美与鼓励。

（4）肯定或否定听众的一些言行时，可以配合着点头或摇头，面带微笑。

（5）面对喧闹的听众，演讲者可略停顿，同时面带微笑是一种含蓄的批评与指责。

既然在日常生活的交谈、辩论、演讲中，微笑有众多的效用，那么微笑训练便成为必要项目。微笑训练都有哪些技术上的要求呢？这里介绍一个小小的诀窍，其发明人是我国著名的电影表演艺术家孙道临，他说你只要念声"茄子"就行了。

在做微笑练习时，应注意总结一下微笑的特点：看看口腔开到什么程度为宜；嘴唇呈什么形态，圆的还是扁的；嘴角是平拉还是上提。练习时可以两人一组结对进行。

微笑练习的动作要领是：口腔打开到不露或刚露牙龈的程度，嘴唇呈扁形，嘴角微微上翘。结对练习时可根据上述归纳的重点反复练习，并互相注意，看看有什么问题。

微笑时容易出现哪些毛病，又应该如何纠正呢？

第一，笑过了头，嘴咧得太大。嘴咧得太大会给人一种傻乎乎的感觉。要不想让人说傻，就要想法把嘴巴的开合度控制好，以不露或刚露牙龈为最佳。

第二，皮笑肉不笑，看上去让人觉得难受。当代心理学家根据最新研究成果，已经找到了真笑和假笑的区别。如果你在交谈中能够以完全平等的态度对待对方，尊重对方的感情、人格和自尊心，那么你的微笑就是真诚的、美丽的，就具有强大的感染力，否则，你的微笑就是虚假的、丑陋的，让人心生反感。

要想解决皮笑肉不笑的问题，首先必须解决根本的态度问题。态度端正了，皮笑肉不笑的问题也就迎刃而解了，这是区别真笑还是假笑的内在依据。

只要端正对待交谈对象的态度，加强态势语——微笑训练，那么，你的微笑就一定会助你达到良好的交谈效果。

要注意的是，微笑也要分清场合，如召开重要会议、处理突发事件、参加追悼大会时，就不能脸带微笑。平日在运用微笑传情达意时，要真诚自然，适度得体，切不可无笑装笑、皮笑肉不笑、虚情假意地笑、僵化呆板地笑。这些硬挤出来的笑，只会让人大倒胃口，心生反感。

第四章

说到心坎上，自然让人欢喜

先为对方着想

与对方沟通交流时，最重要的就是能够以真情感动对方。说话的时候先为对方着想，无疑是很好的办法。因为一般情况下，你对某一件事所认为的"对"或"好"并不能代表别人的看法。在沟通时最好先了解对方的看法，看别人怎么理解情势，你就能以对方更易接受的方式讲话和行事。若你径自表现出"好"或"对"，而不去弄清楚对方是否有相同的看法，你可能会惊讶于对方的反应。

所以，在谈话之前你所要做的就是尽你所能了解对话者的背景、观点和兴趣爱好，你因而可以知道：

什么使他们兴奋，什么使他们厌烦，什么使他们害怕；

他们上班时是什么角色，他们下班时是什么角色；

他们生活中真正需要什么，他们如何获得；

他们有过什么难忘的经历；

他们做过什么重大决定。

知道这些问题的答案，不仅可以让你避免犯难堪的错误，还有助于你设计表达方式，使你的意见可以跟对话者的需要和要求结合，让你们的沟通更加融洽。

平时我们最常听到的人们对工作环境的三项抱怨是：

1. 他们认为别人不听他们的话；

2. 他们觉得没受到尊重；

3. 他们认为别人想要控制或操纵他们。

在与别人谈话的过程中，如果你先提自己的需求，这三种情况是最可能发生的；若你先提别人的需求，它们就最不可能发生。

大部分人对自己的兴趣大过对别人的兴趣，对自己需求的重视程度远强于对别人的。但是如果你先提对方最感兴趣的，先满足他们的需求，就能赢得他们的信任和尊敬。

当你提对方所需，为对方着想时，你会发现许多可喜的变化，而这些变化对你也是有利的。当你先提对方的需求时，对方会有以下表现：

1. 较快开始聆听；

2. 听得比较专注；

3. 听得较久；

4. 更好地记住你所说的；

5. 比较尊重你；

6. 认为你是比较聪明的人，甚至是值得交好的人；

7. 等你说你自己的需求时，会听得较专心。

相比较而言，这对先提对方需求的小投资，是相当好的回报。

反之，若你先提自己的需求，人们常不愿聆听或采取防御状态，甚至会抵触和反击。他们可能以愤怒的眼神和僵硬的表情回敬你，怀疑你不考虑他们的需求，你的话他们一句也不听。

此外，人通常在冲突开始时会焦虑，任何能缓和他们恐惧的方法，都会使情形变得较轻松和对每个人较有利。在这种时候，如果你先为对方着想，表现出对其需求的重视，就是化解僵局的有效手段。在一些重大事件中，先提对方的需求，也会使你们成为合作伙伴——你们联手应对问题，而不是互相对抗。

所以，在与对方交往沟通时，如果想取得较为满意的结果，你就必须先为对方着想，满足对方所需。

说话的魅力在于真诚

真诚的语言是最能打动人的。巧妙地运用真心诚意的话语，可以促使说者与听者产生情感共鸣，使双方的关系变得融洽，从而营造出一种良好的沟通氛围，为成功沟通创造有利的条件。

1915 年，小洛克菲勒还是科罗拉多州一个不起眼的人物。当时，美国工业史上最激烈的罢工已持续两年之久。愤怒的矿工要求科罗拉多燃料钢铁公司提高薪水，小洛克菲勒正负责管理这家公司。由于群情激奋，公司的财产被破坏，军队前来镇压，发生了多起流血事件。

那种情况，可以说是民怨沸腾。但小洛克菲勒后来却赢得了罢工者的信服，他是怎么做到的呢？

原来，小洛克菲勒花了好几个星期的时间在罢工者中结交朋友，并向罢工者代表发表了一次充满真情的演说。那次的演说可谓效果显著，它不但平息了众怒，还为他自己赢得了不少赞誉。演说的开场部分是这样的：

"这是我一生当中最值得纪念的日子，因为这是我第一次有幸能和这家大公司的员工代表见面，还有公司行政人员和管理人员。我可以告诉你们，我很高兴站在这里，有生之年都不会忘记这次聚会。假如这次聚会提早两个星期举行，那么对你们来说，我只是个陌生人，我也只认得少数几张面孔。由于上个星期以来，我有机会拜访整个附近南区矿场的营地，私下和大部分代表交谈过，我拜访过你们的家庭，与你们的家人见过面，因而现在我不算是陌生人，可以说是朋友了。基于这份相互的友谊，我很高兴有这个机会和大家讨论我们的共同利益。由于这个会议是由资方和劳工代表所组成，承蒙你们的好意，我得以坐在这里。虽然我并非股东或劳工，但我深觉与你们关系密切。从某种意义上说，也代表了资方和劳工。"

这样一番真诚的话语，堪称化敌为友的精彩实例。假如小洛克菲勒采用的是另一种方法，与矿工们争得面红耳赤，用不堪入耳的话攻击他们，或用话暗示错在他们，用各种理由证明矿工的不是，那结果只能是招惹更多怨恨和暴行。

此外，在人际交往中，我们经常会遇到"祝贺"这种交往形式。它一般是指对社会生活中有喜庆意义的人或事表示良好的祝愿和热烈的庆贺。通过祝贺表示你对对方的理解、支持、关心、鼓励和祝愿，以抒发情怀，增进感情。

祝贺的语言要真诚，语气、表情、姿态等都要有真情实感。这样才会有较强的感染力，才能达到抒发感情、增进友谊的目的。

道歉也是人际交往中常见的交流活动。为人处世，犯错误总是难免的，毕竟"人非圣贤，孰能无过"。所以，犯错误并不可怕，但是犯错误后的态度至关重要。犯了错误，我们首先要坦率承认、真诚道歉。

你道歉的时候态度真诚，别人就容易原谅你。相反，有的人在犯错时态度极差，道歉时也让人看不到一丝真诚，有的甚至根本就不愿道歉，只是一味地为自己辩解，结果使彼此之间的裂痕越来越大。

温语相求化冷面

会说话与会办事是相辅相成的。话说得好听，说得到位，对方才乐意接受你提出的条件和要求。只有温言相求，拣对方爱听的话说，才有利于事情的解决。

西汉初年有一个叫季布的人。他为人正直，乐于助人，不管谁有困难，他都会热心地帮忙，所以名声很好。季布曾经是项羽的部将，他很会打仗，几次把刘邦打败，弄得刘邦很狼狈。后来项羽兵败，自尽于乌江，刘邦夺取天下，当上了皇帝。刘邦想起曾败在季布手下，十分生气。愤怒之下，刘邦下令缉拿季布。

季布的邻居周季得到了这个消息，秘密地将季布送到鲁地一户姓朱的人家。朱家是关东一霸，素以"任侠"闻名。朱家的人很欣赏季布的侠义行为，尽力将季布保护起来，还派人专程到洛阳去找汝阴侯夏侯婴，请他解救季布。

夏侯婴从小与刘邦很亲近，后来跟刘邦起兵，转战各地，为刘邦建立汉王朝立下了汗马功劳。他很同情季布的不幸处境，在刘邦面前为季布说情，终于使刘邦赦免了季布，还封他为郎中，不久又任命他为河东太守。

当时，楚地有个名叫曹丘生的人，能言善辩，专爱结交权贵。季布原来和曹丘生是邻居，很瞧不起他，偏偏曹丘生听说季布又做了大官，一心想巴结他，特地请求皇亲国戚窦长君写一封信给季布，向季布引荐自己。窦长君早就知道季布对曹丘生印象不好，劝他不要去见季布，免得惹出是非来，但曹丘生坚持要窦长君引荐。窦长君无奈，只好勉强写了一封推荐信，派人送到季布那里。

季布读了信后，很不高兴，准备等曹丘生来时，当面教训教训他。过了几天，曹丘生登门拜访，季布一见曹丘生，就面露厌恶之情。曹丘生对此毫不在乎，先恭恭敬敬地向季布施礼，然后慢条斯理地说："我们楚地有句俗语叫作'得黄金百两，不如得季布一诺'。您是怎样得到这么高的声誉的呢？您和我是邻居，如今我在各处宣扬您的好名声，这难道不好？您又何必不愿见我呢？"

季布觉得曹丘生说得很有道理，顿时不再讨厌他，并热情地款待他，留他在府里住了几个月。曹丘生临走时，季布还送他许多礼物。曹丘生确实也照自己说过的那样去做，每到一地，就宣扬季布如何礼贤下士，如何仗义疏财。这样一来，季布的名声越来越大。

在这个故事中，季布本来很讨厌曹丘生，但曹丘生却依靠自己的温言相求，使季布冰释前嫌，这就是语言的功劳，有谁会忍心拒绝别人的温语相求呢？所谓"情之所至，金石为开"就是这个道理。

乡音难改，游子情深

人都是有感情的，尤其是对故乡有着一种天然的割舍不断的情愫。如果游子在他乡遇到了自己的老乡，那么思乡之情就会油然而生，随之而来的就是对老乡的一种认同感。

阎锡山是山西五台人。当时山西流传一句话："会说五台话，就把洋刀挎。"阎锡山重用五台同乡，山西省政府的重要位置，大多被五台人占据。陈炯明是广东海丰人，他做了广东都督后，大用海丰人，省政府里到处都能听到海丰话。孔祥熙是山西人，他在金融系统重用山西人，理由则是"只有山西人会理财"……

老乡与其他关系的不同之处就在于，老乡之间的关系是以地域为纽带的，有一份圈子内的乡情存在心上。既然是老乡，就必须有共同点存在于双方之间，而乡音则是一种最好的表达形式。

民国初年，有一位福建的小伙子下南洋谋生，身处异地，而他又身无分文，怎样才能干出一番事业呢？一个偶然的机会，小伙子听说当地有位小有名气的商人，细打听之下，小伙子惊奇地发现那位商人是自己的老乡。于是小伙子大胆地找这位老乡求助。

小伙子当时没有钱买礼物，但是他知道这位老乡很重乡情，于是在拜访他的时候特意用家乡话与他聊天。后来，在这位老乡的帮助下，小伙子从小生意做起，逐渐做成了一番事业。

用家乡话做见面礼，可以说是别出心裁。在这里有一点相当重要，那就是运用这种方法的场合，最好是在异乡，因为在异乡才会有恋乡情结，才会"爱乡及人"，这时再来个"他乡遇老乡"，哪有不欣喜之理。对方离乡愈久，离乡愈远，心中的那份情就愈沉、愈深。

如此看来，要与一个久离家乡的老乡处好关系，最有效的办法就是：用你们熟悉的乡音，谈论家乡的话题，以此来触动他的思乡情结，达到共鸣，从而使老乡之间的关系更进一层。

感激之情要溢于言表

中国是有着五千年文化传统的礼仪之邦，中国人向来是重感情的，但含蓄内敛的天性又使得我们不善于表达自己内在的感情。在人们的日常生活和社会交往中，"谢谢"这两个字具有非凡的社交魅力。

很多人并非不想表达他们的感激之情，只是不知道该如何开口，所以选择了沉默。还有些人，他们充满感情的表达却让对方感到不自在。而善于表达，懂得说"谢谢"的社交高手总是能让人感到内心的愉悦。

在人际交往中，说"谢谢"应注意以下几点。

1. 角色意识

不同的人心理是不同的。对什么人说"谢谢"和怎样说"谢谢"都很有讲究。因此，你在说"谢谢"时要讲究点"角色意识"。例如，男孩对女孩表示感谢，要采取慎重的态度；说"谢谢你，想不到你一直在想着我"之类的话很容易造成误解。此外，感谢还要针对对方的不同身份特点而采取相应的方式。老年人自信自己的经验对青年人有一定的作用，青年人在表示感谢时，应采取敬重的态度，比如说："谢谢您，您的这番话使我明白了许多道理……"这会使老年人感到满足，并对你产生好感，认为"这个小青年不错，孺子可教也"。对年龄大一点的女性，感谢她们时，可以说："您真好！"这比简单地说"谢谢您"更好一些。

2. 言为心声

"谢谢"应该是心中一腔感激之情在语言上的自然流露，要做到声情并茂，语调欢快，吐字清晰，而不能含混不清，嘟嘟哝哝，而且说"谢谢"时，眼睛要看着被感谢人，脸上应有诚恳、生动的表情，并辅以恰当的手势动作。不过，动作不要夸张死板。可以设想一下，你在感谢时，倘若手舞足蹈、举止轻浮，一下子拍拍对方的肩，一下子拉拉对方的手，或表情木然，或低着头，或看着别人，那么，对方肯定会心生不快。

3. 注意场合

趁着与对方单独在一起时，对他（她）表示感谢，一般会有好效果，也不会使被感谢人难堪。同时，还要注意双方的关系。双方相识但不太熟络或是普通同事，可以直接用"感谢你""非常感谢"之类的话。若双方彼此熟络或关系亲密，则可用比较亲热的称赞语或陈述语来表达谢意，如儿子对妈妈就可以说："妈妈，你真好，是天底下最好的妈妈。"

4. 形式多样

感谢从不同的角度分，有不同的种类。有对对方个人的感谢，也有对对方单位的感谢；有对对方行为的感谢，也有对对方人品的感谢；有个人之间的感谢，有群体之间的感谢，还有国家之间的感谢；有语言的感谢，有礼物的感谢；有面对面的口头感谢，有通过电话、邮件、信件表达的感谢……应选用恰当的类型与渠道：如果是做客时受到盛情款待，可以在第二天打电话表示感谢；如果是公事访问，可以在访问之后用邮件方式表示感谢。

要记住：与别人交往时，感激之情要溢于言表，源自内心的感激，一定会赢得别人的心。此外，表达感激时最重要的是要端正自己的态度，最好专注地看着对方，这样才能让人感受到你的话是出于真心的，你的感情是真挚的。

说话不要踩上"雷区"

"雷区"也就是忌讳，说话时千万不可以踩上"雷区"。因为你一旦踩上"雷区"，极易造成交际的失败，往往也会浪费你的一片苦心，从而引起别人强烈的反感。因此，了解他人的"雷区"是在人际交往中不可忽视的环节。

"雷区"主要有生理和心理两种。

1. 生理"雷区"

一些有生理缺陷的人都会对他们的生理缺陷非常敏感。因此在与这类人交往时，要特别谨慎。不要对秃顶的人说"你真是聪明绝顶"，也不要对双臂残疾的人说他"两袖清风"，也尽量不要当着双腿残疾的人赞美别人说"我佩服得五体投地"之类的话。这样会使他们心生不快，甚至误以为你有意嘲笑他。一般说来，生理缺陷比较容易发现，只要稍加留意便可避免。

2. 心理"雷区"

心理"雷区"往往是因一些特殊的经历所形成的，那些不愉快的记忆隐藏在人们的心中，无形中会形成一种忌讳。

有一位下属给他的领导祝寿，当着众人的面，他向领导做祝词时说："希望我们的王厂长将来能大富大贵、儿孙满堂。"一席话说得王厂长脸色发青。原来王厂长的独子刚刚在车祸中过世，其妻子已经没有再生的能力，而这位下属初来乍到，因此并不知情。王厂长以为他故意嘲笑他，不顾宾客云集，摔杯而去，这位下属很是尴尬。这位下属虽然并非有意，却冲撞了王厂长的忌讳，自然不欢而散。

在与朋友相处时，有时会因为双方关系密切，习惯成自然，对对方的忌讳满不在乎，结果往往使朋友陷入尴尬的境地，有时甚至会导致好友反目。

钱英和张敏是一对形影不离的好朋友，二人私底下无话不谈。在一次同学聚餐上，钱英一时兴起，笑着对大家讲了张敏暗恋班上某男生的事，而那位男生已经有了女朋友，而且当时也都在场，一时间，弄得张敏下不了台，气着跑开了。这就警示我们，千万不要在众人面前暴露好朋友的隐私，既然是隐私就不愿意让他人知道，如果让他人知道就冒犯了他或她的忌讳，是很不够朋友的表现。

心理上的"雷区"并不仅仅体现在个人的经历与隐私上，还表现在意识形态以及生活习惯上。比如对方若信奉佛教，你就不可大谈肉食的口感及味道，或是狩猎、杀生之类话题。信奉佛教的人往往清心寡欲，慈悲为怀，谈这些话题必然引起他们的反感。不同的民族都有自己的信仰、习俗等，最好能有所了解，避免在谈话中犯忌。

当然，我们不可能尽善尽美地做到与任何人都能融洽地交谈，有些冲突也在所难免。但在说话之前，应尽可能了解对方的情况，对对方的好恶有所了解，并且在谈话中避开敏感话题。

用谦虚的态度和人说话

中国人自古以来视谦虚为美德，虽然有人将其视为"虚伪"，但不谦虚的人还是很难获得大家的一致认同的。我们可以很自信，但应谦虚处事，尤其要注意用谦虚的态度和人说话，做到以下三点。

首先，不目空一切、居功自傲。

有的人做出一点儿成绩，取得一点儿进步，就飘飘然起来。跟谁说话都趾高气扬，时时夸耀自己，搞得大家都敬而远之。

小杨是一家广告公司的职员，他设计的一个平面广告作品获得了一项大奖，经理在员工会上好好表扬了他一番，并让他升任主管。小杨认为自己是个人物了，从此以"专家"自居。一次，经理接到一个平面设计任务，请小杨来评价评价。小杨唾沫飞溅地说了半个小时，将设计批得一无是处，最后下结论：应该返工重来。经理对这个设计是比较满意的，听了小杨的话极不高兴，从此疏远了他。其他的同事也对他敬而远之。

后来，公司里另一个职员小石也得了广告大奖。他吸取了小杨的教训，说话非常谦虚，态度和善，很受大家欢迎。

其次，要适当使用敬语。

敬语能表现说话者对对方的态度。因此，对听话者来说，可以根据对话使用敬语的情况，了解对话人把自己置于什么地位。例如，科长请下属去喝酒，招呼新来的道："你也来吧！"如果这个新职员回答："好，我去。"会怎样呢？科长会认为新职员不尊重自己，心生不满。这样一来，科长会对这个下属产生负面评价。

常常听到有人说"近年来年轻人连敬语的使用方法都不知道，真可气"，这就是虽然本人没有恶意，但由于没有使用适当、确切的敬语，致使人与人之间的关系产生了隔阂的明证。

与其相反，使用适当的敬语，不仅能保持良好的人际关系，还会提高别人对你的评价，特别是对女职员来说，更是如此。有人说："适当的时候，使用适当的敬语对女性来说，是语言之美的至高境界。"的确是这样。想想看，与前述相同的场面，如果对于"你也来吧！"回答说："好，一定参加。"就会显得谦逊有礼。心目中对上司抱着什么态度，从语言中大体可以显现出来。敬语的运用，可以增进上级与下级、年长者与年轻者之间的关系，使听的人心中熨帖，感觉对方有教养，重情义。

最后，要请人评判自己的意见。

我们可以看到，有许多真正伟大的人物，总是很谦虚地请别人评判自己的意见，因而获得别人的赞同。以谦虚的态度表示独特的见解，对使别人信任我们的意见及计划都很有效用。

有的时候也需要适当争辩。比如对于两个喜欢辩论的朋友而言，一次有礼有节的辩论，会让双方都感到有益而愉快。美国威尔逊总统曾经对朋友鲍克接连问了一小时的问题，希望鲍克改弦更张，支持他的主张。但到末了，威尔逊却告诉鲍克，他已经改变了主意，他可以从另外一个观点去看待这个问题。鲍克非常吃惊，从此对威尔逊更加敬重了。这种策略，可以当作能够增进友谊的一种方式，但不可说是常例。总之，别人可能在某些方面与我们意见不一致，这是可以预料的事情，但如果和他争辩之后，还能请他来评判一下自己的意见，他会认为你是个谦虚的人，对你的印象更为良好。

别人郁闷时多说些让他宽心的话

在这个竞争激烈的社会，人们经常会遇到让人郁闷的事情，也经常会碰到正处在郁闷中的人。现在就出现一个问题：对郁闷中的人该怎样安慰，说什么话比较好？正确的方式是多说理解的话。

要想对处于郁闷中的人说些理解的话，首先要弄清对方为什么郁闷。如果不知道原因，随意安慰一气，可能会火上浇油。有这样一则笑话：

有一个妈妈带着她的孩子出去，在长途汽车上哄着她的孩子。

有一个乘客很好奇地把头凑过来，看了看说："哇！好丑的宝宝！"

妈妈听了好难过，就一直哭，一直哭。

后来汽车停到某一站，又上来了一些乘客。

有一个好心的乘客看她哭得这么伤心，就安慰她说："这位女同志你为什么哭得这么伤心呢？凡事都要看开点，没有解决不了的事情嘛。好了，好了，不要再哭了。我去帮你倒杯开水，心情放轻松点嘛！"过了一会儿，那个乘客真的倒了一杯水给她说："好了，别再哭了，把这杯水喝了就会舒服点儿，还有这根香蕉是给你的猴子吃的。"

这位妈妈听了，差点哭晕过去。

笑话里面那位好心的乘客还没有弄清女同志为什么在那儿哭，就想当然地安慰一通，当然会驴唇不对马嘴了。所以说，首先应该知道别人郁闷的原因，然后对症下药，才能说出真正抚慰人心的话，达到安慰的目的。

小罗是一名大学生，他很喜欢一个女同学。大家都知道这个女同学跟一个家里很有钱的男生非常暧昧，就劝小罗一定要小心。但俗话说"旁观者清，当局者迷"，小罗却说那女同学告诉他了，她跟那个男生只是一般的朋友关系。

这种状态维持了半年。突然有一天晚上，小罗垂头丧气地回到了宿舍，什么也不说就躺到床上。晚上熄灯很久了他还在那儿辗转反侧。第二天大家问他怎么回事，小罗伤心地说那个女孩昨晚约他出去，说从来没喜欢过他，自己现在是别人的女朋友了。

大家听了七嘴八舌地教训小罗，说他早就应该听大家的劝，弄到今天是活该。只有小王默默地听着。午饭的时候他把小罗约到一个饭馆，拿了两瓶啤酒，一边吃一边聊。小王告诉小罗，他自己也碰到过类似的事情，所以非常理解他。自己当时也是很难走出那种心灵的痛苦，幸好一个学心理学的同学告诉他多出去走走，多跟人交往，不要把自己封闭起来，他照着做了之后，才在较短的时间里恢复了过来。他劝小罗重新拾起信心，面对生活，好女孩多得是。

小罗听了他的话，慢慢振作了起来。此后他积极地参加集体活动，加上大家也都热心帮助，他很快就恢复了乐观的生活状态。

有一句话叫"理解万岁"。家家都有本难念的经，我们常常在碰到烦心事的时候希望得到别人的理解，但在别人郁闷的时候却不能理解对方的心情，不能发自肺腑地说出理解的话。设身处地想想，别人和自己是一样的，自己希望别人理解，别人又何尝不是呢？多说些理解的话，别人就会信任你，把你当成知己；在你郁闷的时候也会真心地理解你，说一些让你宽怀的话，人际关系不就热络起来了嘛！

多请教，以满足他人的为师心理

古人云"人之恶在于好为人师"，从中可见，一般人都有这种喜欢做别人老师的心理。

在与人交往时，你不妨做一个忠诚的听众，把别人都当成自己的老师。少说多听，做一个学生，给对方充分表现的机会，最后达到自己的目的。这就是"甘为人徒法"的根本所在。

小李和小陆是同一所名牌大学的毕业生，他们的成绩都很优秀。两人被分配到同一家单位。一年以后，小陆提升为部门主管，小李则调到公司下属的一家机构，地位明升暗降。

为什么？

他们分配到该单位后，领导各交给他们一项工作，并交代他们可以全权处理。小李接到工作任务后，做了精心的准备，方案也设计得十分到位。他一心投入工作，全然不记得要向领导请示一下。领导是开明的，既然说过他全权处理，自然也不干涉，但也没有和下面人交代什么。等到小李把自己的计划付诸实践，各部门人员见他是新来的，免不了有些怠慢，小李心直口快，与某人顶了起来，这可惹了麻烦，因为这人正是公司总经理的亲信。后果可想而知，他的工作处处受阻，最后计划中途流产。

小陆接到工作任务后，经过周密分析调查，提出了若干方案给领导看，又向领导逐条分析利弊，最后向领导请教用哪个方案。这时，领导对他的分析已经很信服，自然采取了他所推荐的那个方案。这时他又问领导如何具体实施。领导说，你自己放手干吧，年轻人比我们有干劲儿。小陆连忙说，自己刚来，一切都不熟悉，还得多听领导的意见。因为小陆的态度谦恭，意见又到位，领导很满意，当即给几个部门的主管打电话，让他们大力协助小陆的工作。因为有了领导的交代，小陆在实施自己的方案时又注意与各部门人员协调，他的工作完成得既快又好。

多请教，满足他人的为师心理，你会受益匪浅。当然，以人为师虽少说为佳，但并不是不说话。若要把这个方法运用好，你还得说话。目的是以提问的方式使对方口若悬河，使对方心里有一种成就感和被尊重感，这时你再提出自己的想法，就容易被认可、被支持了。

学会尊重，私底下指出别人的缺点

每一个人都难免有缺点，并且可能在不同的场合表现出某种缺点来，破坏气氛。面对这种情况怎么办？是当场指出别人的缺点，还是先忍下，等到私底下再指出来？作为讨人喜欢的沟通方式，私下指出应该是面对别人缺点采取行动的第一步；但有的人却常常要么容忍别人的缺点，要么直接对外宣扬，让别人下不来台。这其中的教训实在值得我们思考。

　　做人要有一颗宽容的心。"金无足赤，人无完人"。记得有位专家说过，不要苛求别人的完美，宽容让你自己不断完美起来。在别人的某些缺点比较严重时，我们应该以私下谈心的方式委婉指出，疾风骤雨不如和风细雨，当场训斥不如私下交流。只有我们拥有了一颗宽容的心，别人才能感受到我们的真诚，在我们指出他们缺点的时候才能心悦诚服地接受。

　　在朋友之间，指出缺点总是要担负伤和气的风险的，但作为朋友应该承担这种风险。风险有大有小，关键是用的方法适当与否。从小处说，就是要在私底下指出别人的缺点。人总是要讲点面子的，指出缺点更应该顾及对方的面子，说话尽可能婉转一些，尤其不要当众给朋友生硬"挑刺"。即使在私下场合指出缺点和错误，也应充分考虑如何让对方愉快地接受。最好先聊聊其他事情，以便在感情融洽、气氛轻松的基础上婉转地指出问题。

　　指出缺点通常发生在角色地位存在一定落差的人之间，比如上司对下属，老师对学生。这些情况下可以公开指出缺点吗？当然不应该，照样应该维护下属和学生的面子。

　　当员工违背明确的规章制度时，当然要当众指出其过错，在让他认识到错误的同时，也对其他人起到警示作用。假如员工在工作上只出现了小小的失误，并且不是有意为之，可在私下为其指出来，或以含蓄、暗示的方式使其意识到自己的缺点。这样既能维护他的面子，又能达到帮助他改正缺点的目的。

　　要时常反问自己："处理这件事最合乎人性的方法是什么？"当员工把事情弄糟了，有的领导者会当着其他员工甚至是这个员工的下属对其一通训斥。而人性化的领导者会在私下里跟员工谈心，指出缺点，帮助他找出适当的方法去做好事情，并且肯定他们已经做得很好的部分，避免让这些员工丧失信心。

　　所以作为上司，假如下属真的表现出了比较严重的缺点，一般应私下单独找他谈话，指出来，引导他掌握正确处理类似问题的方式方法及注意事项，避免再犯同样的错误。只有这样，下属有问题才愿意找上司反映或沟通谈心。这样一来，领导也会在员工中树立一个良好的形象。

　　作为老师，指出学生的缺点时也要有一些"春秋笔法"。

　　刘老师班上有个女生很优秀，但有一段时间她看到别人比自己成绩好，心里有些不平衡。刘老师通过网上聊天工具和她聊天，直言不讳。这个女生很感激，情绪理顺了。对其他有缺点的学生，刘老师也尽量采取类似的方法。

　　有一次，刘老师经过教室，听到一位同学用粗话骂老师，他装作没听见；之后，私下把那个同学叫到办公室，告诉他老师已经听到他说的那句话，但没有当着全班人来批评他，是因为尊重他。这位同学很诚恳地承认了错误并向老师道歉，后来他变得很有礼貌了。试想，如果刘老师当时走进教室狠批一顿，不但自己下不了台，而且有可能换来学生更难听的粗话。

　　所以，尊重别人，在私底下指出其缺点，既能最有效地表达你对别人的关爱，也会赢得别人对你的尊重。

第五章

场面上，要说场面话

想说场面话先要学会客套

客套，包含着客气、谦卑、处处显示出对别人的尊重；客套，还能显示出你的平和与内敛。

客套是语言艺术中的一种。我们在教育孩子的时候往往会说"见了大人要打招呼，借了同学的橡皮要说谢谢，不小心撞到人家要说对不起"等，这是最基础的礼貌教育。

客套的书面文字看起来枯涩、乏味，但是变成语言之后，却很是悦耳和动听。

一次，李女士探望重病中的好朋友，看到对方非常痛苦的样子，她有许多的顾虑，不知该说什么：说客套话吧，不能表达自己的心情；不说话吧，又被认为冷眼旁观。她太内向了。

这种"内向"要比虚情假意和口蜜腹剑的做法诚实得多。但是，由于不能充分地表达自己的内心，在他人看来一切都等于零。一个人如果连一句最普通的客套话都不会说，探望病人的时候，连一句"没事吧"都说不出口，会让人觉得冷冰冰的。

所以，生活中要学会说客套话，用语言表达出自己的感情，比如"没事吧"这句话，你并不是只把字面的含义说给对方，这里面，你可以融入自己的真实感情，比如"有什么我能帮你的？""我看到你难受的样子非常难过！""没事吧？好了之后，我们一起去打保龄球。"这样，更有益于增进彼此之间的感情。

客套不是低声下气，是尊重；客套不是虚伪，是礼貌。

生活、工作都需要语言作为纽带。人要衣装，语言也要靠包装。语言的魅力，在于使人心悦诚服；语言的运用，在于修养气度。

会客套的人，说出来的话叫人喜欢听、愿意听，别人也会欣然接受；不会客套的人，常常面临许多的尴尬，造成许多的误解，出现人际关系的障碍，导致自己的人脉越来越窄。

有的人说，客套多，朋友多；朋友多，好事多。这句话一点儿都不假。因为客套和寒暄可以帮助你认识很多朋友，缩短人与人之间的距离，从而促成两人的交往。

生活中，我们往往会听到"谢谢您""多谢关照""劳驾""拜托"之类的客套话。这样的客套话可以向别人表示感谢，建立融洽的人际关系。在求人帮忙以后，应真诚地说一声"谢谢"。如果你不说，只把感激之情埋在心底，对方会心生不快，认为他的劳动没有得到肯定，也会认为你不懂礼貌，今后也不会再帮助你。同样，在打搅别人，给别人添麻烦时能真诚地说一声"对不起"，对方的气就会减少一半。所以，在人际交往的过程中，我们千万不要忽视客套话的作用。

许多时候，客套就是表现出对对方的尊重，体现自己有礼有节和谦虚的态度，比如做报告或讲话时说"我资历尚浅，研究不够，恐怕讲不好"，或说"我讲得不好，请大家批评指正"。诸如此类的客套话，看起来是随口而出，实际上起着展现讲话者谦恭姿态的作用。

客套必须要自然，要真诚，言必由衷，富有艺术性。

　　小王是上海某大饭店里的服务员。著名美籍华裔舞蹈家孟先生第一次到该饭店，小王向他微笑致意："您好！欢迎您光临我们酒店。"孟先生第二次来店，小王认出他来，边行礼边说："孟先生，欢迎您再次到来，我们经理有安排，请上楼。"随即陪同孟先生上了楼。时隔数日，当孟先生第三次踏入此店时，小王脱口而出："欢迎您又一次光临。"孟先生十分高兴地称赞小王："不呆板，不制式。"

　　小王之所以会受如此表扬，在于他不是鹦鹉学舌，见客只会一声"欢迎光临"，而是能根据交际情境的变化运用不同的方法，表现出他对工作的热爱和说话的艺术。

　　《礼记》曰："人有礼则安，无礼则危。故曰，礼者不可不学也。"可见，人们从很早以前就开始呼唤礼仪，呼唤文明。有的人总是说，礼仪中的寒暄是人际交往中的废话，这是不正确的。

　　在人际交往中往往少不了客套，客套会使我们彼此之间的关系更加和谐。要把"谢谢、对不起、请"常挂嘴上。请人办事说一声"劳驾"，临别送客讲一句"慢走"，这些都能显示出你礼貌周到、谈吐文雅。擅长外交的人们像精通交通规则一般精于客套，得体的客套同我们美好的仪容一样，是永久的荐书。以下是一些日常生活中常用的客套话：

　　初次见面说"久仰"，好久不见说"久违"。

　　请人评论说"指教"，求人原谅说"包涵"。

　　求人帮忙说"劳驾"，求给方便说"借光"。

　　麻烦别人说"打扰"，向人祝贺说"恭喜"。

　　请人改稿称"斧正"，请人指点用"赐教"。

　　求人解答用"请问"，赞人见解用"高见"。

　　看望别人用"拜访"，托人办事用"拜托"。

宾客来到用"光临"，送客出门称"慢走"。

招待远客称"洗尘"，陪伴朋友用"奉陪"。

请人勿送用"留步"，欢迎购买叫"光顾"。

与客作别称"再见"，归还原物叫"奉还"。

对方来信叫"惠书"，老人年龄叫"高寿"。

得体的"致谢"会温暖对方的心，也能使你的语言充满魅力；得体的"道歉"是你送给对方的礼物，也是缓解对方不满情绪的一帖灵药……有的人往往容易把应酬、客套、寒暄甚至是聊天这些基础的交往行为看作虚伪、庸俗和毫无意义的，在思想上加以排斥，在行动上加以抵制。这样的人违背了人类的某些本性，在交际上会屡屡受挫，连连吃亏。

客套并不一定是在语言上，一个眼神、一个手势，点一下头，微笑一下，或给对方送些小礼物，凡此种种，都属于客套的范畴。换句话来说，客套是一个比较宽泛的概念，客套是一种礼节，如果客套运用得好，会使你收到意外的惊喜。

没话也要找话说，营造热络的气氛

话题是初步交谈的媒介，是深入细谈的基础，是纵情畅谈的开端。没有话题，谈话是很难顺利进行下去的。要想营造热络的气氛，没话题也要找话题。不善言谈的人在交际场中很容易陷入尴尬局面。首先必须掌握没话找话的诀窍。没话找话说的关键是要善于找话题，或者根据某事引出话题。

好话题的标准是：至少有一方熟悉，能谈；大家都感兴趣，爱谈；

有展开探讨的余地，好谈。那么，怎么找到话题呢？

1. 众人都关心的话题

面对众多的陌生人，要选择大家关心的事件为话题，把话题对准大家的兴奋中心。这类话题是大家想谈、爱谈又能谈的，人人有话，自然能说个不停了。

2. 借用新闻或身边的材料

巧妙地以彼时、彼地、彼人的某些材料为题，借此引发交谈。有人善于借助对方的姓名、籍贯、年龄、服饰、居室等即兴引出话题，常常收到好的效果。"即兴引入法"的优点是灵活自然、就地取材，其关键是要思维敏捷，能做由此及彼的联想。

3. 提问的方式

向河水中投块石子，探明水的深浅再前进，就能有把握地过河。与陌生人交谈，先提一些"投石"式的问题，在略有了解后再有目的地交谈，便能谈得更为自如。

4. 找到共同爱好

问明陌生人的兴趣，循趣发问，能顺利地进入话题。如对方喜爱足球，便可以此为话题，谈最近的精彩赛事、某球星在场上的表现以及中国队与外国队的差距等，这些都可以作为话题而引起对方的谈兴。引发话题，类似"抽线头""插路标"，重点在"引"，目的在导出对方的话茬。

5. 搭上关系，由浅入深

孔子说"道不同，不相为谋"，只有志同道合，才能谈得拢。中国有许多"一见如故"的美谈。陌生人要能谈得投机，要在"故"字上做文章，变"生"为"故"。下面是变"生"为"故"的几个方法：

（1）适时切入。看准情势，不放过应当说话的机会，适时地"自我表现"，能让对方充分了解自己。交谈是双边活动，光了解对方，不让对方了解自己，同样难以深谈。陌生人如能从你"切入"式的谈话中获取教益，双方会更亲近。

（2）借用媒介。寻找自己与陌生人之间的媒介物，以此找出共同语言，缩短双方距离。如见一位陌生人手里拿着一件什么东西，可问："这是什么？……看来你在这方面一定是个行家。正巧我有个问题想向你请教。"对别人的一切显出浓厚兴趣，通过媒介物引导对方表露自我，交谈也会顺利进行。

（3）留有余地。留些空缺让对方接口，使对方感到双方的心是相通的，交谈是和谐的，进而缩短距离。有经验的记者能通过观察和分析，迅速与对方套上近乎，找到一个可以引起双方谈兴的话题，打破那种不知从何谈起的场面。

一位记者去采访一位老师，行前有人说这位老师性格有点古怪，经常三言两语就把人打发了。记者到学校时，这位老师正在跟传达室的人发脾气。记者一听他说话的口音是山西人，心里暗暗高兴，因为他也是山西人。后来，他们的交谈就从家乡谈起，越谈越热乎，这一段题外话也为正题做了很好的铺垫。

在交际过程中，要善于寻找话题，这样才能迅速地拉近距离。

分清别人说的场面话

交际场合中，哪些话是实打实的互通有无，哪些话是客套应酬的场面话，我们要做到心中有数。

进入社会后很多人就会发现，虽然自己名片盒里的名片越来越多，但真正无话不谈的朋友还是那么几个，其他绝大多数都是场面上的朋友，迎来送往，无非是个"你好"加上"再见"。苦恼的是，若是真正的朋友，就算相对无语，彼此也不觉得尴尬，但场面上的朋友就不同了，毕竟从见面到分手之间的一段空白还是要去填的。善于应酬的人，也就是公认的社交高手，总能漂亮地完成使命，让彼此轻松愉悦地度过一段时间，反之，则空留尴尬的笑脸和一段难熬的时间。

一个法资跨国公司的大老板每年环球巡视一次，听各国首席执行官们述职。当然，也顺便见一下各国雇员。只是全球数万张面孔，哪儿记得过来？于是他每年都问同样的三个问题：你是哪个大学毕业的？学的是什么专业？何时来到我们公司的？除首席执行官们外，公司其余的人每年要回答一次。

大多数员工对待这三个问题就像对待元首阅兵一样，把答案像口令一样喊出来而已，从不奢望自己能被大老板记住，除了一个信息技术工程师。他每次回答完"我的专业是建筑设计"之后，都会解释一下自己为何会从建筑设计师转行到信息技术领域。这是个漫长的故事，但大老板老是记不住，于是他连续讲了三年。第四年，当他又开始讲第四次的时候，大老板制止了他："好像有个挺长的故事是吗？无论如何，我代表公司感谢你的努力工作。"可怜的人只好把他那感人的奋斗史收了起来。

老板只是客套一下，谁知他竟当了真。

坐上大老板的位置后，也许不用再花心思设计机灵的场面话，但下属就不同了，场面上反应机敏与否，很可能关系到将来的前程。

一次会议的中场休息之后，许多人迟到了。老板面露愠色。大部分人默默地进来，默默地入座，空气十分凝重。只有一个中层女经理人未到话先到："哎呀呀，卫生间的队好长啊。老板，您怎么雇了这么多女人啊！"一句话把老板逗乐了。

在一场鸡尾酒会上，有个商人模样的老外过来打招呼，琳达马上放下冰橙汁，与他握手。他笑问琳达："为什么你的手冰冰的呀？"她忙着解释，朝那杯冰橙汁乱指。他马上摇头："不不不，你只需要说'但我的心是热的'就行了。"

一句话提醒了琳达。其实他并不关心为何琳达的手是冷的，而琳达也并无义务解释。不过是两个陌生人找个话题混个脸熟而已，什么话开心，什么话可以搏个笑脸，就讲什么话好了。

场面话人人都说，但究竟所说的场面话哪些是真的，些只是基于社交礼节的应酬话，我们的心中要有个数，这样就不至于因为没有分清对方的场面话而造成尴尬的局面。

场面话要有情感共鸣点

场面上，要想讨得某人的欢心，使得场面更和谐，就一定要找到对方感情的突破口，只有情感上有了共鸣，场面话才能继续说下去。

日常交往并不是总在熟人间进行，有时你甚至要闯入陌生人的领地。当进入一个陌生的家庭、环境时，要迅速打开局面，首先要寻找理想的突破口。有了突破口，便可以以点带面或由此及彼地发挥，从而让对方在感情上接受你。

在纽约某大银行工作的乔·理特奉上司指示，秘密进入某家公司进行信用调查。正巧乔·理特认识另一家大公司的董事长，这位董事长很清楚该公司的情况，乔·理特便亲自登门拜访。

他进入董事长办公室，才坐定不久，女秘书便从门口探头对董事长说："很抱歉，今天我没有邮票拿给您。""我那12岁的儿子正在收集邮票，所以……"董事长不好意思地向乔·理特解释。

接着乔·理特便开门见山地说明来意，可是董事长却含糊其词，一直不愿做正面回答。乔·理特见此情景，只好离去，没有一点儿收获。

不久，乔·理特突然想起那位女秘书向董事长说的话，同时也想到他工作的银行每天都有许多来自世界各地的信件，那上面有各国的邮票。

第二天下午，乔·理特又去找那位董事长，告诉他是专程替他儿子送邮票来的。董事长热诚地欢迎了他。乔·理特把邮票交给他，他面露微笑，双手接过邮票，就像得到稀世珍宝似的自言自语："我儿子一定高兴得不得了。啊！多有价值！"

董事长和乔·理特谈了40分钟有关集邮的事情，又让乔·理特看他儿子的照片。之后，没等乔·理特开口，他就主动地说出了乔·理特要知道的内幕消息，足足说了一个小时。他不但把所知道的消息都告诉了乔·理特，又叫来部下询问，还打电话请教朋友。乔·理特没想到区区几十张邮票竟让他圆满地完成了任务。

人常说：要讨一个母亲的欢心，那就去赞扬她的孩子。找到情感共鸣，沟通自然会顺畅。

面对不同人有不同的场面话

不同的人所关注和喜欢的东西不同，面对不同的人，我们要学会说不同的场面话，以便引起对方的兴趣，让谈话持续下去。

下面这个人们耳熟能详的童话故事就能说明这个道理。

有个年轻的渔夫，一天收网时，发现网里有个旧瓶子。他把瓶塞打开，突然一阵浓烈的烟雾喷出来，很快变成一个比山还大的巨魔。

巨魔笑着说："哈哈！年轻人，你把我救出来，本来我应该感谢你，可是，你做得太迟了，倘若你早几年把我救出来，你就可以得到一座金山了！唉，我等得太不耐烦了，我已经许了恶愿，要把救我出来的那个人一口吃掉！"

年轻渔夫吃了一惊，但立即镇定地说："哟，这么小的一个瓶子，怎么能把你盛下呀！你一定在说谎，你再回到瓶子里让我看看吧。"

巨魔听后，竟大笑说："哈哈哈哈，我不会上当的！《天方夜谭》早把这个古老的故事说过了，我如果再钻入瓶子里，你把塞子塞上，我不就完蛋了吗？"

"你看过《天方夜谭》？真是一个博学多才之士呀！你看过苏格拉底的哲学著作吗？"

"哼！这500年来，我困在瓶子里，读了天下的经典著作，苦苦修行，莫说是西方的巨著，连中国的《大学》《中庸》《论语》《孟子》我都念得熟透了。"

"啊，那么《史记》你也颇有研究吧？墨子的著作也有涉猎吗？"

"别说了，经史子集无一不通！"

"不过，我想你一定没有见过《红楼梦》的手抄本，这是难得一见的版本呢！"

"哼！你这个小子太小觑我了，这本书的收藏者正是我呀！让我拿出来给你开开眼界吧！"

刚说完，巨魔立即化作一阵浓烟，徐徐进入瓶子里。这时候，年轻渔夫不再迟疑，连忙用瓶塞堵住了瓶子。

每个人都有可能是他兴趣所在领域的专家，激发对方的兴趣，你不仅会获得新知，有时加以利用，还能够逢凶化吉。年轻的渔夫就是利用这一点降服了巨魔。

使对方乐于与你畅谈的方法，就是顺着对方的喜好交谈。心理学家告诉我们，对于不同类型的人要用不同的交谈方式。

1. 人际关系型

如果对方时常提到自己和某个人的关系，或是某个人和另一个人的关系，就代表他对人际关系很有兴趣。如果你让他知道你也懂得人际关系学，那么，他就会很愿意和你谈下去。

2. 逻辑思维型

说话有条理、很利索，而且用词精确的人，通常喜欢有逻辑性地去思考，谈话滴水不漏。因此在对话时，你不能只是说出自己的感觉，还要尽量调动自己的"分析"因子，去分析事物背后的道理。

3. 情感丰富型

当讨论到对于某个人或某件事情的想法时，如果对方说出"这个人好可怜……"之类的话，代表他情感丰富，凡事凭感觉，而且好恶分明。面对这种人，不要谈理论、讲求逻辑分析，他对此可能一点兴趣也没有。

4. 艺术欣赏型

这种人喜欢谈论美术或音乐等话题，你可以和对方讨论最近最热门的商品设计或是音乐表演等，请教对方的意见，不仅让对方有一个表现的机会，你也能从中学到一些知识。

有一位学者曾说过："如果你能和任何人连续谈上 10 分钟而让对方产生兴趣，那你便是一流的说话高手。"两个陌生人初次见面，如果不能善用机会，迅速地找出话题，说不好该说的场面话，必然不能取得交谈的成功。谈论别人感兴趣的事物，会使人感觉受到尊重，同时也是一种深刻了解别人，并与之愉快相处的方式。

公众场合的致辞要体面

在公众场合致辞是有一定技巧的，当你掌握了这些技巧，便会赢得他人的掌声。

在各种正式场合，与会者都要发表演讲，无论何种演讲，说话人都是为了达到一些目的。例如，在欢迎来宾的招待会上，主人要致欢迎辞，来宾要致答谢辞；在宴会上，主人要致祝酒词，来宾要致答谢辞；在欢送来宾的会议或酒宴上，主人要致欢送辞，来宾要致告别辞等。致辞根据各自的特定场合，各有其目的和表达方式。

热情洋溢、语言明快、词句精练、全文紧凑是欢迎辞、欢送辞和祝酒词的特点。当你的言辞里流露出朴实的感情，那么一定可以增进宾主之间的友谊，从而为自己树立一个良好的形象。这类致辞常由"引言""正文"和"结语"三部分组成。"引言"部分首先对远道而来的贵宾表示欢迎；"正文"部分根据特定情况，或介绍对方来访的原因、事情的安排，或赞扬对方的才华、功绩，或强调宾主双方的关系等；"结语"部分是再度表示欢迎或祝愿之类的言辞。

答谢辞和告别辞中，"引言"部分对主人的欢迎（欢送）表示感激。答谢辞的"正文"部分应阐明来访者的友好来意和做好某事的愿望；告别辞的"正文"部分应着重说明在访问或出席会议期间东道主的欢迎和款待使自己深受感动。"结语"部分再次表示感谢或对未来的祝愿。

1. 迎送致辞

致辞一般由主人或单位领导、集体代表先致，然后由被迎送者致答谢辞。欢迎时，主人致辞可代表组织或在场者表达对增新成员的喜悦与日后团结共事的愿望；宾客致辞则要对主人的热忱欢迎表示感谢，申明自己希望在大家的支持和帮助下做出贡献的决心。欢送时，主人致辞应充分肯定被送者的成绩和优点，勉励被送者继续进步，表达依依不舍的心情。需要指出被送者不足之处时，可视对象和会议气氛，有的坦陈直言，有的则以提出希望的方式暗示。宾客致辞则要以感谢大家长期以来的关怀和帮助为主，陈述事实、抒发感情，以惜别之心怀寄意于未来。无论迎、送，致辞均应热情、诚挚，以互相勉励为主。

2. 贺庆致辞

贺庆活动中，通常先由来宾致辞，表示祝贺与勉励；再由主人致辞，表示感谢与"百尺竿头，更进一步"的决心。有时，也可倒过来，譬如在贺庆宴会上，往往先由主人致祝酒词，尔后再由宾客致答谢辞。贺庆致辞宜热烈而有分寸，祝酒词须凝练而不含糊，答谢辞要情意真挚，朴实动人，不说套话。

3. 婚丧致辞

婚丧致辞时，气氛迥然有异。祝贺新婚，宾客致辞可祝愿新婚夫妇相亲相爱，白头偕老。语词可幽默俏皮一些，以增添欢乐气氛，但不要庸俗油滑。主人致辞则要陈谢意、赞友情，由衷而出，落落大方。丧礼上，宾客致辞可深情缅怀死者、激励后人；主人致辞于答谢之外，要让人看到从悲痛中振作精神的姿态。

4. 联谊致辞

联谊活动的目的在于增进彼此之间的友谊。除了事先已经有安排的情况外，双方都应该争取先行致辞，以示主动。主辞、宾辞要分别对客人的到来、主人的盛情表示荣幸或感谢。同时，都要畅叙友谊，展望未来更密切的合作，祝贺联谊活动圆满成功、与会者健康欢乐。联谊致辞要有鼓动性，语言可庄可谐，但"庄"不可说教，"谐"不可无聊，均以"雅俗共赏"为佳。

5. 评聘致辞

一般先由主人致辞，再由宾客答以宾辞。评聘致辞通常以严肃为主，但也不须过于刻板，造成沉闷气氛。主辞对受评聘者可多予褒奖，并表示殷殷之期望，使受评聘者从鼓励中看到自身的价值，萌生努力工作的意愿和激情。宾辞则要表达这种感受和决心。必要时，双方可简要提出一些希望或建议。

6. 参观、检查致辞

参观者与检查者身份不同，但"入乡随俗"，都要表示对被参观或被检查一方的尊重。因此，宜主辞先致，宾辞后致。主辞表示欢迎，希望参观、检查者多提批评意见，措辞要诚恳，不能有虚情假意。宾辞贵在实事求是，要报以诚挚、多予赞扬，以公正的语言评是论非，同时勿忘感谢热情的接待或对被检查者提出希望。参观、检查致辞，有参观、检查之前与后的区别，致辞内容要考虑这个因素。

致辞既是展现口才的机会，也有暴露弱点的可能。所以，即使是即兴致辞，也要尽量细拟腹稿。致辞时，神态要自然、落落大方，不能扭扭捏捏，也不要故意卖弄。要尽量减少口头禅。

引起亲切感的场面话

对于初次见面以及了解不深的人，如何借语言消除彼此之间的陌生感，缩短隔阂，以获得信赖，是一门大学问。

借关心对方的家人或使用流行语引起强烈的亲切感，别人当然乐意与你交往。自古以来，许多政治家都具有使人觉得亲切的本事。

河野一郎是日本一位政治家，十分懂得利用人们的微妙心理，借巧妙的场面话使人大受感动。

1959年，他在纽约旅行时，巧遇了多年不见的好友米仓近。他乡遇故知，两人非常高兴地握手寒暄，互道近况，相谈甚欢，二人互留了在国内的地址和电话，知道彼此都成了家。回到旅馆之后，河野一郎做的第一件事就是拨了一通国际电话给米仓近在东京的妻子："我叫河野一郎，是米仓近的老朋友，我们在纽约碰面了，你先生一切都很好。"

米仓近的妻子没想到丈夫的朋友会对丈夫这么关心、体贴，感动得热泪盈眶。后来米仓近知道了这件事，专门去向他表示感谢。

人在潜意识里，总是会特别惦念自己的父母、妻子等关系亲近的人，一旦发现对方也在关心着自己关心的人，或者具有相同的关心心态，大都会产生认同感。利用这种共同的心理倾向，先使人产生亲切感，接下来，自然能够加深彼此的交往。

在日常生活中，常把"令尊好""嫂夫人好""孩子们可好"等问候语挂在嘴边，必能使他人觉得备受关心，深深感动。

有位知名播音员非常受观众欢迎，经常率团到各地巡回演出。每到一个新的地方，他一定要套用一两句当地的用语，以拉近和观众之间的距离。

这些事例，都基于同一原则——赢取亲切感。借关心对方的家人，或是使用流行语、当地的方言，引起强烈的亲切感，产生同属一个团体的归属感，强调"同伴"的关系，别人当然乐于与你交往。此外，巧妙选择称呼对方的方式，也能成功营造同伴意识，增加亲切感。

由于工作的关系，日本心理学家多湖辉经常和美国人往来。

在谈话当中，他发现西方人讲话时有一个共同点，就是他们习惯把对方的名字挂在嘴边，例如"谢谢您，多湖先生""多湖先生，你的英文还不太行呢""再见了，多湖先生"等。

但是东方人多半只称呼对方的官衔或职名，在交际应酬中，总是不习惯直呼名字。

两种不同的称呼方式会产生不同的效果，在与人交谈时，称呼对方的名字，更容易让对方感到亲切，有助于促进彼此之间情感的交流。

第六章

懂得赞美的人最受欢迎

初次见面，赞美的话要说得准

对于初次见面的人，最好避免以对方的人品或性格为谈话内容，即使是赞美对方"你真是个好人"，对方也容易产生"才第一次见面，你怎么知道我是好人"的戒备心。

通常情况下，不是直接称赞对方，而是称赞与对方有关的事情，这种间接赞美在初次见面时比较有效。打个比方，如果对方是女性，她的服装和装饰品将是间接赞美的最佳对象。

唐码和不少朋友的家人都相处得很好，其中与一位夫人的友谊甚至超过和她丈夫的友谊。本来唐码只认识她的丈夫，那么他怎么成了对方全家的朋友呢？起因是在与她初次见面的那次宴会上唐码随口说出的一句话。

当时，唐码被介绍给这位朋友的夫人，由于当时没有适当的话题，就顺口说了一句"你佩戴的这个坠子很少见，非常特别"。唐码说这句话完全是无意的，因为他根本不懂女人的装饰品。出人意料的是，这个坠子果然很特别，只有在巴黎圣母院才买得到，这是朋友夫人的心爱之物。随口说出的这句话，使这位女士联想起有关坠子的种种往事，从此他们便成了好朋友。

要恰如其分地赞美别人是件很不容易的事。如果称赞不得法，反而会遭到排斥。为了让对方坦然说出心里话，必须尽早发现对方引以为自豪、喜欢被人称赞之处，然后对此大加赞美。在尚未确定对方最引以为自豪之处前，最好不要胡乱称赞，以免自讨没趣。

赵明长得很像一位演员。每当他和朋友一起到饭店去，初次见到他的服务小姐都会对他说："你长得真像电影明星！"的确，无论是赵明的容貌还是气质都与那位演员非常相似。一般而言，说某人很像名演员，是一种恭维之词，被称赞的人通常不会不高兴。赵明的反应却不同，他听了服务小姐的奉承后，原本不喜欢开口的他，变得更加沉默了。

对于赵明的反应，服务小姐很是诧异。赵明的反应一点也不奇怪，因为服务小姐的赞美根本不得法。赵明了解自己的缺点，就是容易给人冷漠的印象，而那位电影明星在屏幕上所扮演的多是冷酷无情的角色。所以，如果说他酷似那位电影明星，这哪里是在赞美，分明是指出了赵明的缺点。

从第三者口中得到的情报有时在初次见到对方时能起到重要的作用。因此，利用所得的情报当面夸奖对方，当然也会为自己赢得主动。但如果你将这些情报、传言直接转述给对方，恐怕只会遭到冷遇。所以，赞美之词一定要说得准确，才能帮你进一步开展人际关系。

夸人夸到点子上

在一个人所走过的人生道路中，有无数让他引以为自豪的事情，这些都是他人生的闪光点。这些东西会不经意地在他的言谈中流露出来，例如"想当年，我在战场上……""我年轻的时候……"等等。对于这些引以为荣的事情，他们不仅常常挂在嘴边，而且深深地渴望能够得到别人由衷的肯定与赞美。对于一位老师而言，引以为荣的往往是由他授过课的学生在社会上很有出息，你为了表达对他的赞美，不妨说："您的学生×××真不愧是您的得意门生啊！现在已经自己出书了。"对于一位一生都默默无闻的母亲，引以为荣的往往是她那几个有出息的孩子，你如果对她说："你有福气啊，两个儿子都那么有出息。"她一定会高兴不已。对于老年人来说，他们引以为荣的往往是他们年轻时的那些经历。

真诚地赞美一个人引以为荣的事情，可以更好地与之相处。乾隆皇帝喜欢在处理政事之余品茶、论诗，他对茶道颇有见地，并将其引以为荣。有一天，宰相张廷玉精疲力竭地回到家刚想休息，乾隆忽然来造访，张廷玉感到莫大的荣幸，称赞乾隆道："臣在先帝手里办了13年差，从没有这个例，哪有皇上来看下臣的！真是折杀老臣了！"张廷玉深知乾隆好茶，便把家里珍藏的隔年雪水挖出来煎茶给乾隆品尝。乾隆很高兴地招呼随从坐下："今儿个我们都是客，不要拘君臣之礼。坐而论道品茗，不亦乐乎？"水开时，乾隆亲自给各位泡茶，还讲了一番茶经，张廷玉听后由衷地赞美道："我哪里懂得这些，只知道吃茶可以解渴提神。一样的水和茶，却从没闻过这样的香味。"李卫也乘机称赞道："皇上圣学渊深，真叫人瞠目结舌，吃一口茶竟然有这么多的学问！"

乾隆听后心花怒放，谈兴大发，从"茶乃水中君子，酒乃水中小人"开始论起"宽猛之道"。真是妙语连珠，滔滔不绝，众臣洗耳恭听。乾隆的话刚结束，张廷玉赞道："下臣在上书房办差几十年，只要不病，与圣祖、先帝算是朝夕相伴。午夜扪心，凭天良说话，私心里常也有圣祖宽、先帝严，一朝天子一朝臣这个想头。我为臣子的，尽忠尽职而已。对陛下的旨意，尽力往好处办，以为这就是贤能宰相。今儿个皇上这番宏论，从孔孟仁恕之道发端，比讲三朝政治，虽然只是三个字'趋中庸'，却振聋发聩，令人心目一开。皇上圣学，真是到了登峰造极的地步。"其他人也都随声附和，乾隆大大满足了一把。张廷玉和李卫作为乾隆的臣下，都深知乾隆对自己的杂经和"宏论"引以为豪，而张、李二人便投其所好，对其大加赞美，达到了取悦皇帝的目的。

没有人不会被真心诚意的赞赏所触动。耶鲁大学的教授威廉·莱昂·弗尔帕斯经历过这样一件事：

有一年夏天又闷又热，他走进拥挤的列车餐车去吃午饭，在服务员递给他菜单的时候，他说："今天那些在炉子边烧菜的小伙子一定是够受的了。"那位服务员听了后吃惊地看着他说："上这儿来的人不是抱怨这里的食物，便是指责这里的服务，要不就是因为车厢里闷热大发牢骚。19年来，您是第一位对我们表示同情的人。"弗尔帕斯得出结论说："人们所想要的是一点作为人所应享有的被关注。"而人们想要别人来关注的地方往往是自己所能忍受下来的痛苦，如夏天里在火炉旁烧菜的煎熬。

一个人到了晚年，人生快走到尽头了，当他们回首往事的时候，更喜欢回味和谈论自己曾经历的那些大风大浪，希望得到晚辈的赞美和崇敬。

一位已经80多岁的爷爷，一生中最大的骄傲便是独自一个人将7个孩子养大成人，现在眼见一个个孩子都成家立业，他经常自豪地对孙辈们说："你奶奶死得早，我就靠这两只手把你爸他们几个养大成人，真是不容易啊。"每当这时，如果孙辈们能乘机美言几句，爷爷就会异常高兴。

抓住他人最引以为豪的东西，并将其放在突出的位置进行赞美，往往能起到出乎意料的效果。在这一点上，有一个很经典的实例。

在镇压太平军的过程中，一次，曾国藩用完晚饭后与几位幕僚闲谈，评论当今英雄。他说："彭玉麟、李鸿章都是人才，为我所不及。我可自许者，只是生平不好谀耳。"一个幕僚说："各有所长，彭公威猛，人不敢欺；李公精敏，人不能欺。"说到这里，他说不下去了。曾国藩又问："你们以为我怎样？"众人皆低头沉思。这时一个管抄写的后生过来插话道："曾师是仁德，人不忍欺。"众人听了齐拍手。曾国藩十分得意地说："不敢当，不敢当。"后生告退而去。曾国藩问："此是何人？"幕僚告诉他："此人是扬州人。入过学，家贫，办事谨慎。"曾国藩听完后说："此人有大才，不可埋没。"不久，曾国藩升任两江总督，就派这位后生去扬州任盐运使。

他人最想要的赞美一定是真诚的，不是那种公式般的赞美，千篇一律最让人反感。"久仰大名，如雷贯耳""您的生意一定兴隆""小弟才疏学浅，请阁下多多指教"，这些缺乏感情的、公式化的恭维语，若从谈话的艺术观点看来，非加以改正不可。而言之有物是说一切话所必备的条件，与其泛说"久仰大名、如雷贯耳"不如说"您上次主持的讨论会效果之佳，真是让人难忘"等话，直接提及对方的著名业绩；若恭维别人生意兴隆，不如赞美他推销产品的努力，或赞美他的商业手腕；泛泛地请人指教是不行的，你应该择其所长，集中某点请他指教，如此他一定高兴得多。恭维赞美的话一定要切合实际，到别人家里，与其乱捧一场，不如赞美房子布置得别出心裁，或欣赏壁上的一张好画，或惊叹一个盆栽的精巧。若要讨主人喜欢，你要注意投其所好，主人爱狗，你应该赞美他养的狗；主人养了许多金鱼，你应该谈那些鱼的美丽。赞美别人最近的工作成绩、最心爱的宠物、最费心血的设计，这比说上许多虚泛的客套话效果要更好。

并不是只有伟大举动才值得让人赞美，一些微乎其微的小事别人也会期望得到肯定和称许。

如果某天早晨，你的丈夫偶然一次早起为你准备好了早餐，你不妨大大赞美他一番，那他今后起床做早餐的频率将会更高。如果你的小孩有一天非常小心地在家做好了晚饭等你回家，当你回到家中，不要吃惊孩子脸上的污渍，也不要惋惜已经摔碎的碗碟，先要将孩子赞美一番，即便孩子所炒的菜让人难以下咽；因为你的赞美可以让孩子所做的下顿或者是下下顿饭变成美味。在公司，如果某位职员记述你口述信件的速度比你想象得要快，不妨表扬她一下，今后她工作时就一定会更加卖力。

从一件小事上去赞美他人，必须注重细节，不要对他人在细节上所花费的时间和心血视而不见，要郑重地对他人的这番煞费苦心表示肯定和感谢。因为对方用心地做这些小事既说明对方对你的偏爱，也说明他渴望得到肯定与赞扬。

以"第三者"的口吻赞美

俗话说："雾里看花花更美。"赞美之词未必要从你嘴里说出来，可以借助"第三者"之口。比如，若当着面直接对对方说"你看来还那么年轻"之类的话，不免有点恭维、奉承之嫌。如果换个方法说："你真是漂亮，难怪某某一直说你看上去总是那么年轻！"可想而知，对方必然会很高兴，而且没有阿谀之嫌。

在一般人的观念中，总认为第三者所说的话是比较公正、实在的。因此，以第三者的口吻来赞美，更能得到对方的好感和信任。

1997年，金庸与日本文化名人池田大作展开一次对话，对话的内容后来辑录成书出版。在对话刚开始时，金庸表示了谦虚的态度，说："我虽与会长（指池田大作）过去对话过的世界知名人士不是同一个水平，但我很高兴尽我所能与会长对话。"池田大作听罢赶紧说："您太谦虚了。您的谦虚让我深感先生的'大人之风'。在您的72年的人生中，这种'大人之风'是一以贯之的，您的每一个脚印都值得我们铭记和追念。"池田说着请金庸用茶，然后又接着说："正如大家所说'有中国人之处，必有金庸之作'，先生享有如此盛名，足见您当之无愧是中国文学的巨匠，是处于亚洲巅峰的文豪。而且您又是世界'繁荣与和平'的香港舆论界的旗手，正是名副其实的'笔的战士'。《春秋左传》有云：'太上有立德，其次有立功，其次有立言，是之谓三不朽。'在我看来，只有先生您所构建过的众多精神之价值才是真正属于'不朽'的。"

在这里，池田大作主要采用了"借用他人之口予以评价"的赞美方式，无论是"有中国人之处，必有金庸之作"，还是"笔的战士""太上……三不朽"等，都是舆论界或经典著作中的言论，借助这些言论来赞美金庸，既不失公允，又能恰到好处地恭维对方的得意之处。

借别人之口来赞美一个人，可以避免因直接恭维对方而有吹捧之嫌，还可以让对方感觉到他所拥有的赞美者为数众多，从而在心理上获得极大的满足。在生活中，要善于借用他人，特别是权威人士的言论来赞美对方，借此达到间接赞美他人的目的。权威人士的评价往往最具说服力，因此，引用权威言论来赞美对方是最让对方感到骄傲与自豪的，如果没有权威人士的言论可以借用，借用他人的言论也会收到不错的效果。

与众不同的赞美最中听

一些人在公共场合赞美别人时，自己想不出怎样赞美，只能跟着别人说重复的话，附和别人的赞美。常言道："别人嚼过的肉不香。"朱温手下就有一批鹦鹉学舌拍马屁的人。一次，后梁太祖朱温与众宾客在大柳树下小憩，独自说了句："柳树好大！"宾客们为了讨好他，纷纷起来互相赞叹："柳树好大。"朱温听了觉得好笑，又道："柳树好大，可做车头。"实际上柳木是不能做车头的，但还是有五六个人互相赞叹："可做车头。"朱温对这些鹦鹉学舌的人烦透了，厉声说："柳树岂可做车头！"于是把说"可做车头"的人抓起来杀了。

在整日聚首的人际关系中，一家人之间或一个科室的同事之间，有些赞美很可能多次重复，已经形成某种公式和习惯，这就没什么意义和作用了。比如，某个处长每次开会总结工作的时候，都像例行公事一样对大家赞扬几句，其内容和说法总是那么几句笼统的话，就像是同一张唱片或同一盘录音带只是在不同的时间播放一样，让人感觉乏味。

汤姆受聘于一家公司的销售部经理，因为他采用了新的营销战术，所以在他加入公司两个月后，公司的销售量大增，仓库积压的产品一售而空。老板非常高兴，拍拍汤姆的肩膀说："你干得非常出色！继续努力。"

"好，"汤姆说，"但你为什么不把你赞美的话放在我装薪水的口袋里呢？"

"一定会的，年轻人。"

老板非常遵守诺言。当下个月汤姆领到薪水袋时，发现里面不仅多了一些薪水，还附着一张小纸条，上面写着："你干得非常出色！继续努力，表现更好。"

赞美加一点新意，鼓励作用会更大。正如有人所说"一点新意，一片天空"，新意会让赞美之术更趋完美。

赞扬要有新意，当然要独具慧眼，善于发现别人看不到的"闪光点"和"兴趣点"，即使你一时还没有发现更新的东西，也可以在表达的角度上有所变化和创新。

对一位公司经理，你最好不要称赞他如何经营有方，因为这种话他听得多了，已经成了毫无新意的客套了，倘若你称赞他目光炯炯有神、潇洒大方，他反而会被打动。

赞美是所有声音中最甜蜜的一种，赞美应该给人一种美的感受。新颖的语言是有魅力的，有吸引力的。简单的赞扬也可能是振奋人心的。但是一种本来不错的赞扬如果多次单调重复，也会显得平淡无味，甚至令人厌烦。一个女士就曾说过，她对别人反复说她长得很漂亮已经感到很厌烦，但是当有人告诉她，像她这样气质不凡的女士应该去演电影时，她笑了。

仪态万方这一目标，几乎是所有女人孜孜以求的。这是她们最大的虚荣，并且常常希望别人赞美这一点。但是对那些有沉鱼落雁之容、闭月羞花之貌的佳人，就要避免对其容貌的过分赞誉，因为对于这一点她已有绝对的自信。你可以转而去称赞她的智慧、她的品格。

日本著名心理学家多湖辉在一本书里举了一个例子：有位杂志社的记者，有一次去采访一位地位很高的财经界人士。话匣子一打开，就首先称赞对方的理财手段如何高明，继而想打听一些对方成功的奥秘。但由于这是初次采访，不容易快速地接触到问题的实质。

这时，那位记者灵机一动，将话题一转，说道："听说您在业余时间很喜欢钓鱼，在钓鱼上是行家里手。我偶尔也喜欢钓钓鱼，不知道您是否可以介绍一些这方面的经验？"那位知名人士一听此话，笑颜顿开，侃侃谈起钓鱼经来。结果不用说，宾主双方俱欢，尔后的采访自然顺利了许多。

分析一下这位知名人士的心态，不难看出，有关经营方面的好话早已经听得耳根生茧了。这个记者看到了知名人士的另一个不太为人所知的优点，从该知名人士的业余生活入手，最后圆满地达成了预期目标，其方法令人叹服。

赞美的新意很重要，但更需要我们综合各方面的因素来翻出恰当的"新"意，否则便会弄巧成拙、适得其反。马克·吐温曾经说过："一句好的赞美能抵我十天的口粮。"我们每天都让新鲜的赞美流淌入他人的生活中，那么彼此对生活的积极性都会更高。

多在背后说他好

世上背后道人闲话的人不少。大家都很清楚，被说之人一旦知道便会火冒三丈，轻则与闲话者绝交，重则找闲话者当面算账。因此，人们都应以此为戒，不去犯背后说他人闲话的忌讳。但是，背后说人优点却有佳效。

《红楼梦》中有这么一段描写，史湘云、薛宝钗劝贾宝玉做官，贾宝玉大为反感，对着史湘云和袭人赞美林黛玉说："林姑娘从来没有说过这些混账话！要是她说这些混账话，我早和她生分了。"

凑巧这时黛玉正来到窗外，无意中听见贾宝玉说自己的好话，"不觉又惊又喜，又悲又叹"。这才有了之后的宝黛两人互诉衷肠，感情大增。

在林黛玉看来，宝玉在湘云、宝钗、自己三人中只赞美自己，而且不知道自己会听到，这种好话就是极为难得的。倘若宝玉当着黛玉的面说这番话，好猜疑、好使小性子的林黛玉可能就认为宝玉是在打趣她或想讨好她。

背后说别人的好话，远比当面恭维别人或说别人的好话效果要明显好得多。不用担心，我们在背后说他人的好话是很容易传到对方耳朵里去的。

赞美一个人，当面说和背后说所起到的效果是很不一样的。如果我们当面说人家的好话，对方会以为我们可能是在奉承他、讨好他。若我们的好话是在背后说的，人家会认为我们是真诚的，是真心说他的好话，人家才会领情，并感激我们。假如我们当着上司和同事的面说上司的好话，同事们会说我们是在讨好上司、拍上司的马屁，从而容易招致周围同事的轻蔑。另外，这种正面的赞美所产生的效果是很小的，甚至还可能适得其反；因为，上司脸上可能也挂不住，会觉得我们不真诚。与其如此，还不如在上司不在场时，大力地"吹捧一番"。而我们说的这些好话，终有一天会传到上司耳中。

有一位员工与同事们闲谈时，随意说了上司几句好话："梁经理这人真不错，处事比较公正，对我的帮助很大，能够为这样的人做事真是一种幸运。"这几句话很快就传到了梁经理的耳朵里，梁经理心里不由得有些欣慰和感激，而那位员工在梁经理心里的地位也上升了。就连那些"传播者"在转达时，也忍不住对那位员工夸赞一番："这个人心胸开阔、人格高尚，难得！"

　　在日常生活中，背后赞美别人往往比当面赞美更让人觉得可信。因为你对着一个不相干的人赞美他人，一传十，十传百，你的赞美迟早会传到被赞美者的耳朵里。这样，你赞美的目的也就达到了。

　　在日常生活中，如果我们想赞扬一个人，不便对他当面说出或没有机会向他说出时，可以在他的朋友或同事面前适时地赞扬一番。

　　据国外心理学家调查，背后赞美的作用绝不比当面赞扬差。此外，直接赞美的度若不足会使对方感到不满足、不过瘾，甚至不服气，若过了头又会让人觉得虚伪浮夸，而用背后赞美的方法不存在这些问题。因此，有时当面赞扬不如通过他人间接赞扬的效果好。

　　当你面对媒体时，适当地赞美你的同行是一种风度，也是一种艺术。

　　足球教练陈亦明为人爽朗，心直口快，极善处理与球员、同事、球迷以及媒体的关系。记者问陈亦明："张宏根和左树声都有执教甲A的资历，如何能成为你的助手？"陈亦明先以简明之言道出了"团结就是力量"这个道理，接着说："国内名气比我们大的不少。一个人斗不过，三个人组合就强大多了。张导是我的老师，左导是我的师兄弟，我们的组合可谓强强联手，'梦幻组合'。"他的话令人不由想到了当年那集NBA所有高手的美国国家篮球队——"梦之队"的威风八面。其语既自我褒扬，又夸赞了张、左二人，为己"敷粉"而不显摆，赞美他人又不谄媚，将"自我标榜"及"恭维他人"的语言艺术发挥到了极致。

　　多在别人面前去赞美一个人，是你与那个人关系融洽的最有效的方法。假如有一位陌生人对你说："某某朋友经常对我说，你是位很了不起的人！"相信你会油然而生喜悦和感动之情。那么，我们想要让对方感到愉悦，就更应该采取这种在背后说人好话、赞扬别人的策略。因为这种赞美比一个魁梧的男人当面对你说"先生，我是你的崇拜者"更让人舒坦，更容易让人相信它的真实性。

赞美的话要发自内心

如果你的赞美之辞不是发自内心的，那么，你的赞美就很难达到预期的功效。

赞美别人就是发现别人的美，并且用恰当的语言表达出来。赞美的语言稍微夸张一点是可以的，但是倘若言过其实，便会让人怀疑你赞美的诚意和动机了。

有这样一个人，在单位里经常赞美同事，见到领导时，赞美的话更是滔滔不绝。见到身材魁梧的领导，他就说："一看就知道您是有福之人啊！"见到秃顶的领导，他就说："贵人不顶重发，聪明绝顶啊！"这些话倒是无伤大雅，也还能让领导开心；但有一次，因为他过分夸大的赞美言词让领导对他有了重新的认识。

某领导在应酬时，酒喝多了，走路时一不小心摔了一跤，这时，这位经常赞美领导的"赞美家"赶紧过来扶起领导，嘴里说道："领导为了工作，连自己的身体都不顾了，就算是喝出胃出血也没有任何怨言。"喝醉了酒的领导一听到有人这样"赞美"自己，一下子就怒了，指着这位时时不忘赞美领导的人呵斥道："你到底会不会说话，你那是称赞我吗？你是盼着我死吧？"这次，平日伶牙俐齿的他再也说不出任何赞美之词了。

他的赞美之所以得不到听者的认可，是因为他的赞美之词不是发自内心的赞美。在他的赞美中，有很重的趋炎附势、惺惺作态的成分。这样的赞美是无法打动人心的。

小王是建筑公司的拆迁办主任，在某个项目的拆迁过程中，一家钉子户使拆迁工作无法顺利推进。小王了解了这户人家的基本情况后得知：这家的主人是一名曾参加过抗美援朝的老军人，他之所以不肯搬家，是因为这处小院是在他光荣离休后政府赠予他的。

随后，小王亲自拜访了这位老人。他进入老人的书房，看见墙上都是老人身穿军装的照片，不由得说道："您老年轻时一定是名强悍的军人。因为我在您身上仿佛见到了您当年奋勇杀敌的勇猛和果敢。"老人没有作声。小王继续说："我打小就喜欢和我爷爷在一起，他总有许多战场上的故事可以讲，后来他年纪大了，有的故事甚至都讲20遍了，可是每次他都像是第一次讲一样，眼中充满了激动的泪水。我想您所知道的故事一定和我爷爷知道的一样多，甚至比他的还多。而这其中的辛酸不易，我想只有您自己体会得最深刻了。"

说到此，小王起身说道："老先生，打扰您这么久，真是对不住啊！"说完他就走出了屋子，往大门外走去。当他即将迈出大门时，老人在背后喊道："明天过来时把拆迁的公文带来，让我好好瞅瞅。"小王心里的大石头终于落了地，老人要看公文，说明拆迁的事情有戏了。

从头至尾，小王只字未提拆迁的事，只是和老人聊了会儿家常话。其实，正是小王的家常话打动了老人。小王称赞老人勇敢，称赞老人阅历丰富，这都是发自内心的赞美。他的赞美之词在老人的心中也激起了层层涟漪。小王真诚的赞美打开了老人的心房。

有的人非常吝啬对他人的赞美，认为那是阿谀奉承的表现，是令人不齿的做法；然而，人人都喜欢听到他人的赞美，都以得到他人的赞美为荣；因为，如果能得到他人的赞美，说明自己的行为得到了他人的认可，对赞美他的人自然也会产生好感。无论何时，赞美都拥有神奇的力量，能帮助他人走出困境，是交际中最有效的手段之一。得到别人发自内心的赞美，是任何人都喜爱的。

真诚是赞美的必要元素

有一次，一群朋友聚会，吃饭的时候，大家交换名片，其中有一位来自报社，另一位试图对其进行称赞，一看是报社的，便稀里糊涂地说："哇，您是有名的大作家！"人家问："我怎么有名？"他说："我每次都看见你写的文章。"人家说："我的文章都在哪里？"他说："每次都是头版头条啊！"然后人家告诉他："真的吗？我是专门写讣告的。"讣告能在头版头条吗？显然是虚假的赞扬引起了别人的反感。但是这位先生仍然没有意识到自己的错误，看到旁边有一位女士，聊了没几句，他就开始"赞美"对方。这位女士长得很胖，他却说："女士，您真苗条！"女士说："什么，你说我苗条？我知道你是在骂我。"

不真诚的赞扬，给人一种虚情假意的印象，或者会被认为怀有某种不良目的，被赞扬者对此不会感谢，只会讨厌。言过其实的赞扬，不能实事求是，会使受赞扬者感到窘迫，也会降低赞扬者的水准。虚情假意的奉承对人对己都是有害而无利的。

赞扬他人是一种能力，是根据心理学和组织行为学研究出来的，这是职场上的一种能力，但赞扬必须是发自内心的真诚的话语。有句话这样说：真实的赞扬是拂面清风，凉爽怡人；虚假的赞扬让人烦腻不堪。

真诚的赞美源于内心深处的一种"美感"，一种冲动，它反映了一个人对另一个人的认可：外表漂亮、言谈得体、行动敏捷、品格高尚……即在两个人之中，其中一个人在另一个人身上发现了符合自己理想和价值标准的可贵之处，会被一种无形的力量推动着去赞美他的这些优点。

真诚的赞美应该是合乎时宜的，在合适的氛围里发出的赞美会让人内心明亮，灿烂无比。当别人感觉到你的赞美是由衷的，那赞美的话就很容易被接受。

德国大音乐家勃拉姆斯出身贫寒，虽然自幼学琴，但他对自己未来能否在音乐事业上取得成功缺乏信心。然而，在他第一次敲开舒曼家大门的时候，他一生的命运就在这一刻决定了。当他取出他最早创作的一首《C大调钢琴奏鸣曲》草稿，手指无比灵巧地在琴键上滑动，弹完一曲站起来时，舒曼热情地张开双臂抱了他，兴奋地喊道："天才啊！年轻人，天才……"正是这发自内心的由衷赞美，使勃拉姆斯的自卑消失得无影无踪，也赋予了他从事音乐艺术的坚定信心。在那以后，他便如同换了一个人，不断地把心底里的才智和激情倾泻到五线谱上，成了音乐史上一位卓越的艺术家。

一句由衷的赞美，成就了一位音乐大师。

在合适的氛围里，发出由衷赞美，会有意想不到的效果。

由衷的赞美是源于心灵深处的，它是深刻而强烈的；若能入木三分地表达出来，将是绝佳之语。

对于发自内心的由衷之感，要尽量用准确、贴切、深刻、生动、完整的赞美之词说出来。

赞美要具体

赞美可以是抽象的，也可以是具体的，然而抽象的赞美远没有具体的赞美来得实在，具体的赞美也更易为人所理解和接受。

抽象的东西往往很难确定它的范围，难以给人留下深刻印象。赞美应该是看得见、摸得着的，是具体的。

赞美的话只有说得细致具体、符合实际，才能让对方感觉到你是在真心地关注他。空洞的赞美不但没有任何意义，还会让对方觉得你是在敷衍他。

在赞美别人的时候，千万不要使用模棱两可的表述，像"挺好""没那么糟"这样的话都不要用。含糊的赞美往往起不到应有的作用，甚至会适得其反。因此，在与人交往的时候，应该从具体事件入手，善于发现别人哪怕是最微小的长处，并不失时机地予以赞美。

赞美越具体越好，这样可以说明你对对方非常了解，对他/她的长处和成绩很看重，对方会感到你的真挚、亲切和可信。比如你的同事今天穿了一件新衣服，打扮得很漂亮，你如果仅仅是说"你今天很漂亮"，效果显然会比"这件连衣裙真是不错，尤其是和你的气质特别搭配"差很多。

当你只针对一件事情进行赞美时，赞美会更有力量。赞美的对象越庞杂，它的力量就越弱。因此，在赞扬别人时，要针对具体的某一件事情。例如，我们在社交场合，常听到的赞美不外乎"你今天好漂亮""你看起来气色很好"等话语，这些赞美太过含糊笼统，会使你的赞美大打折扣。

1975年3月4日，卓别林在英国白金汉宫被伊丽莎白女王封为爵士。封爵仪式开始，正当卓别林非常兴奋的时候，女王赞美卓别林说："我观赏过你的许多电影，你是一位难得的好演员。"

可是这位伟大的艺术家似乎对这个赞美并没有什么特别的感觉。

事情过后，有人向卓别林询问当时的感想。卓别林的回答令人大吃一惊："女王陛下虽然说她看过我演的许多电影，并称赞我演得好，可是她没说出哪部电影的哪个地方演得最好。"当女王知道了卓别林这番话后，也感到非常遗憾。

从这个故事中我们可以看出，如果真心想赞美别人就得说出具体的事实，尽量针对某人做的某件具体的事情，这样才会产生好的效果。

美国社会心理学家海伦·克林纳德认为：正确的赞美方法是将赞美的内容详细化、具体化。其中有三个基本因素需要明确：你喜欢的具体行为，这种行为对你有何帮助，你对这种帮助的结果有无良好的感觉。有这三个基本因素为依托，赞美才不会空泛笼统，才能给人留下好印象。

赞美对方就要先了解对方，了解得越多越好。只有了解对方，你的夸奖和赞扬才会有针对性。只有当你的话说到了点子上，才会让对方感受到你的真心。一般情况下，对方不仅仅想要你说他好，而且很想知道你为什么说他好，觉得好到什么程度。

赞美要自然

每个人都不会拒绝别人真诚的赞誉之词，而我们在赞美人时也要表现得自然。

在人与人的交往中，任何人都喜欢被人赞美、奉承。事实上，面对别人自然的赞美，相信世界上没有人会无动于衷。

　　在尼克松为法国总统戴高乐举行的宴会上，尼克松夫人费了很大的心思布置了一个鲜花展台：美丽的喷泉旁是一张马蹄形的桌子，鲜艳的热带鲜花在阳光的照射下显得娇艳无比。

　　戴高乐将军一眼就看出这是主人为欢迎他而精心制作的，不禁赞不绝口："女主人真是用心，这么漂亮、雅致的布置一定花了很多时间吧。"尼克松夫人听后，觉得非常开心。

　　也许在其他人看来，尼克松夫人布置的鲜花展台不过是她作为一位总统夫人的分内之事，没什么值得赞美的，但戴高乐将军却能领悟到她的苦心，并向夫人表示了特别的肯定与感谢，从而也使尼克松夫人异常高兴。

　　赞美是打开心门的钥匙，它不但会把老相识、老朋友团结得更加紧密，而且可以把互不相识的人联系在一起。

　　戴维和法拉第二人的友谊至今仍被世人所称道。虽然有一段时间，法拉第的突出成就引起戴维的嫉妒，但这份情缘的取得少不了法拉第对戴维的真诚赞美。法拉第尚未与戴维谋面时，就给戴维写信："戴维先生，您的演讲真好，我简直听得入迷了，我热爱化学，我想拜您为师……"

　　收到信后，戴维便约见了法拉第。后来，法拉第成了近代电磁学的奠基人，名满欧洲。

　　无论如何，任何赞美的话都一定要切合实际。赞美要看对象：爱漂亮的女孩子就赞美她的打扮，有小孩的母亲最好赞美她的小孩，工作型的女孩可赞美她的工作能力；至于男人，最好赞美他的实力。到别人家做客，可赞美其房子布置得别出心裁，或赞美一个盆景的精巧或去欣赏水族箱那些观赏鱼的美丽等等。

　　当你自然真诚地赞美了对方后，对方表现出满意的态度时，你的赞美就成了增进你与对方关系的润滑剂。

第七章

运用语言魅力，展示自己的优势

展示自己的优势

口才好、能说会道的人往往能在与人交流中更好地展示自己，给别人留下深刻的印象。

"味甘而补，味苦而清，味辛发散解表，味酸宁神镇静。任何事物都有它不同的特点，也有它不同的作用。"听到这样的话语，你会有什么样的感觉呢？我们一定认为：不是医生还懂医药知识，真不简单。可以说，在谈话中，适度、自然地引用一些具有文化色彩的语句，能起到提升自己形象的作用。

在日常交际中，关键在于感觉。对方感觉好，就会看好你。

英国某知名作家的儿子16岁时，随父亲与丘吉尔见面，竟当了一次首相的"语文老师"。他回忆了1949年在"玛丽亚王后"客轮上难忘的一幕：

那天，我跨进丘吉尔的舱房时还有点迷迷糊糊。我如释重负地发觉丘吉尔不在房内。客人很多，丘吉尔夫人开始替人做介绍，这时屋里肃静下来。我转身一看，丘吉尔本人竟站在屋里，抽着一支硕大无比的雪茄烟。他穿着我从未见过的奇怪服装，是条灰色的连衣裤，用类似帆布的料子做成，前面装了条直通到底的拉链。后来我才知道，这是他在大战时的战地服装。

他从人群中走过，边走边同人握手致意。接着他挽住我父亲的胳膊，大步走到屋子的另一头。就在这时，丘吉尔恰巧朝我的方向瞥了一眼。他莞尔一笑，招手示意我过去。我走到他们跟前时，父亲迅速对我使了个眼色，我不会误解其含义：你必须绝对沉默！

丘吉尔谈起他在密苏里州的富尔顿大学所做的演讲，他在这次演讲中首先使用了"铁幕"一词。我父亲说："你的预言又一次实现了。英国和西方之间存在着可怕的分歧，你准备怎么做呢？"

丘吉尔没有立即回答。他看了我一眼，仿佛在看我是否听得懂这番话。接着他扫视了一下屋里的其他人。"哦，现在，"他提高声音，字斟句酌，一字一顿地吐出下面的话来，仿佛在议会中发表演说似的，"现在，你是在要求我踏上把陈词滥调和信口开河分隔开的那道鸿沟上的独木小桥。"

人们哄堂大笑。自从进屋后，我还是第一次感到自在。我感到如此自在，竟不觉开口说话了。我问道："丘吉尔先生，如果俄国人研制成原子弹，你认为他们会对使用它犹豫吗？"

我父亲眨了眨眼睛，猛地一晃脑袋，盯着我看。我立刻后悔自己不该多说话。可是丘吉尔似乎挺高兴。他说："嗯，那得视情形而定，不是吗？东方可能会有3颗原子弹，西方则可能有100颗。但是，假如反过来呢？"我父亲刚要开口，可丘吉尔继续只顾自己往下说。"你明白——"他照旧字斟句酌，一字一顿，声音逐渐增大，"你明白——就原子弹而言（屋里又安静下来）这全是一个——"

他似乎想不出精确的词来圆满阐述他的想法。我当时没看出他仅是在等待屋里所有的人都凝神静听，只觉得丘吉尔忽然苦恼不堪地没有能力表达自己的意思，而我父亲不知为何并不打算去救他出困境。

"先生，"我说，声音似乎嘶哑了，"你的意思是不是说，这全是一个均衡的问题？"

我父亲睁大了眼，惊慌地凑上前来，可是丘吉尔举起一只威严的手，拿那支令人敬畏的雪茄指着我说："就是这词儿，千真万确！'均衡'是个很好的词，可是无论在战争时期还是和平时期，这个词经常被人遗忘。年轻人，你每天早上一醒来就该说这个词，每次站在镜子前刮胡子时，就该对自己说这个词。"

听了这番话，我的头都发晕了。我看出父亲不再生我的气了，不觉释然，于是得意扬扬地默然静听他们继续交谈……

这个孩子并非什么博学之辈，关键是他敢于说话。其实只是个风险不大的问句而已，却非常抢眼，给全场留下了深刻印象。

让别人折服于你的语言魅力

顺着人心说话效果可说是事半功倍。脾气再大、城府再深的人也吃不消这一招。顺着人心说话能让你仅凭借三寸不烂之舌就征服别人，让别人折服于你的语言。

一般来说，一个人的性格特点往往通过自身的言谈举止、表情等流露出来。快言快语、举止简洁、眼神锐利、情绪易冲动的人，往往性格急躁；直率热情、活泼好动、反应迅速、喜欢交往的人，往往性格开朗；表情细腻、眼神稳定、说话慢条斯理、举止注意分寸的人，往往性格稳重；安静抑郁、不苟言笑、喜欢独处、不善交往的人，往往性格孤僻；口出狂言、自吹自擂、好为人师的人，往往骄傲自负；懂礼貌、讲信义、实事求是、心平气和、尊重别人的人，往往谦虚谨慎。当我们面对不同性格的谈话对象时，一定要具体分析，区别对待。比如对待傲气十足的人，如果他把面子看得很重而讲究分寸，你不妨从正面恭维入手，让他飘飘然。

不过，这里并不是要你做一个没有"自我"的人，如果你真的如此，那你就成了别人的影子了。"顺着人心"只是方法，而不是目的，你如果能成熟地运用这个方法，别人就会在不知不觉之中受到你的影响，甚至接受你的意志。那么，如何顺着人心呢？

1. 倾听

很多人都有发表欲，如果他在社会上已有一些成就，更有不可抑制的发表欲，当他滔滔不绝的时候，你就做一个倾听者。一则，你的倾听可以满足对方的发表欲，他一满足，对你就不会有恶感；一则，你可在倾听中了解他的个性和观念。然后，你要顺着他的谈话，发出"赞同声"，还可以在恰当的时机提出一些问题让对方说明。如果你这样做了，你便能赢得对方的好感，甚至使对方更加相信你。

2. 不要辩论

如果对方说的话你不能同意，你也不要提出辩驳。即使你们是好朋友，如果你和他的交谈另有目的，也不宜和他辩论，因为有些事情并不能辩得明白，而且很可能越辩越来气，最后不欢而散；如果你辩倒对方，那更有可能造成关系的中断！

3. 称赞

喜欢被赞美是人类的天性，其实赞美也是一种爱抚。赞美什么呢？你可以赞美他的观念、见解、才能、家庭……只要是对方有可能引以为荣的都可以赞美，这种做法所费不多，效果却非常惊人。

诸葛亮对关羽，便采取此法。马超归顺刘备之后，关羽提出要与马超比武。为了避免"两虎相斗，必有一伤"，诸葛亮给关羽写了一封信，大意是：我听说关将军想与马超比武；依我看来，马超虽然英勇过人，但只能与翼德并驱争先，怎么能与你美髯公相提并论呢？再说将军肩负镇守荆州的重任，如果你离开了造成损失，罪过有多大啊！关羽看了信，就打消了入川比武的念头。

4. 引导

这是最重要的方法，如果你一番"顺着人心"的功夫另有目的，尤其需要"引导"这一招。也就是说，你要在对方已经满足时，才把你的意思显现出来，但显现的方式还是要顺着人心，不要让对方感到不快。例如你应该说"我很同意你的观点，不过……"或"你的立场我能了解，可是……"，先站在对方的立场，再提出自己的观点，把对方的关注点引到你希望的地方去。

这样的方法可以用于平时与人相处，也可以用于说服别人，还可以用于带领下属，效果可说是事半功倍。

巧用妙语，打好圆场

不管做什么事情，我们都渴望能有个圆满的收场；想要事事有个圆满的收场，就得锻炼自己的口才，提高自己的"语商"。这就需要我们平时多多读书，多多磨炼，并且持之以恒，让我们的头脑充实，机智敏捷，反应灵活。与此同时，还要注意培养敏捷的表达能力以及逻辑与语言修辞素养。

有一个销售员在一家百货商店前推销他那些"折不断的"梳子。为了消除围观者的怀疑，他捏着一把梳子的两端使它弯曲起来。突然间，那把梳子啪的一声断了，销售员先是一惊，但马上就有了应对之策，只见他把它们高高地举了起来，对围观者的人群说："女士们，先生们，这就是梳子内部的样子。"

如果一个人平时经常思考如何应付复杂局面和临场突发情况，临战自然不会仓促和不知所措。

有一个卖瓦盆的人，为了能够早点把瓦盆卖出去，便当着顾客的面用旱烟锅子敲了起来。他边敲边喊："听这瓦盆啥响声啊！"可令他意想不到的是瓦盆被敲破了。旁边看热闹的人忍不住笑出了声。他忙指着瓦片对身边的人说："你们看这瓦茬儿，棱是棱，角是角，烧得多结实呀。"

参加面试时，主考官所问的问题并不一定有什么标准答案，你的应对只要能"自圆其说"便算是成功。

有一个年轻的小伙子去面试，主考官问了一个问题："你为什么要离开现在的企业。"他回答："在那家企业没有前途。""那么怎么样才算有前途？"主考官接着问。"企业蒸蒸日上，个人才能得到不断提高和发展。""你们公司的产品在市场上的占有率名列前茅，员工收入也很高，这是有口皆碑的，怎么能说在这个企业没有前途呢？"这位求职者被问倒了，为什么会出现这种情况呢？那是因为他不清楚随着问题的不断深入，他先前的论点将无法成立，这样就不能自圆其说了。

我们常常会遇到这样的提问："你最大的优点是什么"和"你最大的缺点是什么"。这两个问题看起来很简单，可是要回答好却不是一件容易的事情，因为接下来主考官有可能会问："你的这些优点对我们的工作有什么帮助？你的这些缺点会对我们的工作带来什么影响？"然后还可以层层深入，"乘胜追击"，求职者是很容易陷入不能"自圆其说"的尴尬境地的。几乎所有的面试问题都有可能被主考官深化和挖掘，所以在回答问题之前一定要先考虑周到，然后再回答，这样才不至于使自己陷入被动的境况。

在日常生活中，我们不需要过于自夸，但在某些场景中，便需要好好运用自己的口才，把话说得巧妙高超。

说话要扬己之长，避己之短

想要抬高自己的身价，说好给自身贴金的话，就要懂得扬长避短的道理，多说一些自己的长处，少说一些自己的短处。

古人云："梅须逊雪三分白，雪却输梅一段香。"在常人的眼睛里，每个人或多或少总会在某方面存在一定的缺陷，就算伟人也不例外：拿破仑矮小、林肯丑陋、罗斯福小儿麻痹，但这些都没有阻挡他们取得伟大的成功。

瑞士银行中国区主席兼总裁李一，在1988年最初去美国迈阿密大学留学时，学的是体育管理专业。他发现那是"富人玩的游戏"，于是在离毕业还有半年时，毅然报考了沃顿商学院。

美国沃顿商学院是世界首屈一指的商学院，李一考得并不轻松，前后面试了三次，仍没结果。最后一次面试，他干脆在考场上直截了当地问主考官："如果我没有被录取，最可能的原因是什么？"

"很可能是因为你没有工作经验。在美国，商学院录取的前提条件是要有商务工作经验。"

对此，李一做出的反应不是承认自己的不足，或者是如何改变自己的缺点，而是立刻反驳："按你们的招生材料所说，沃顿作为世界最优秀的商学院，肩负着培养未来商务领袖的重任。但世界各国发展很不平衡，如果按你们现在的做法，商务成熟的国家会招生特别多，像中国这样的发展中国家可能一个也不招，这跟沃顿商学院的办学宗旨是自相矛盾的。"

出人意料的是，李一的反驳得到了主考官的欣赏。面试出来后，招生办主席秘书给李一打了一个电话："主席对你的印象特别好，说你很自信，与众不同。"后来，在当年52个申请该校的学生当中，李一成为唯一被沃顿商学院录取的中国学生。

李一的自信赢得了考官的欣赏，为自己铺垫了人生道路上的一块重要基石，更重要的是，他战胜了自己，他能够扬长避短，主动出击。著名管理学家德鲁克博士曾在1999年的《哈佛商业评论》中发表观点：对于一个集体，需要克服的是"短板定理"；而对于个人，发挥自己的长处，比努力去补齐短板更为重要。

我们都知道"田忌赛马"的故事，对手的每一匹马都有相对应的绝对优势。但没有关系，不需要补齐短板，只要注重自己能够形成优势的策略，简单地进行以长击短的顺序调整：上等马对中等马，中等马对下等马，下等马对上等马，就能获得完全不同的结局。

其实，每个人都有自己的可取之处。你也许不如同事长得漂亮，但你却有一双灵巧的手，能做出各种可爱的小工艺品；你现在的工资可能没有大学同学的工资高，不过你的发展前景却比他的好等等。这并不是一种吃不到葡萄就说葡萄酸的心理，因为世界这么大，永远没有绝对的好，只有相对的好，永远没有绝对的失败，而只有相对的成功。

这世界上的路有千万条，但最难找的就是适合自己走的那条路。每一个人都应该努力根据自己的特长来设计自己，量力而行，根据自己的环境、条件、才能、素质、兴趣等确定发展方向。不要埋怨环境与条件，应努力寻找有利条件；不能坐等机会，要自己创造机会；拿出成果来，获得了社会的承认，事情就会好办一些。每个人都应该尽力找到自己的最佳位置，找准属于自己的人生跑道。当你事业受挫了，不必灰心也不必丧气，相信坚强的信念定能点亮成功的灯盏。

每个人都有自己的特质和特长，所以不要怀疑自己，更不要轻易地否定自己。认清你自己的优势与弱点，如果你身上有暂时或是永远无法补齐的"短板"，那么不如去吸引别人注意到你身上其他的闪光之处。每个人都有自己的发光点，只要你善于利用，就能扬长避短，形成制胜的优势。

善待他人让你更容易为人接受

与人交谈时，如果态度良好，更容易赢得别人的好感，你也就更容易为人所接受。

善待他人就是尊重自己，给别人一片晴朗的天空，就是给自己一片明媚的天空。当你发现并由衷地赞叹他人的优点、好处、能力时，他人也同样会发现你的优点、好处、能力。善待他人就是善待自己，这是做人的基本原则。

孟子曾经说过："君子莫大乎与人为善。"那些慷慨付出、不求回报的人，往往容易获得成功。而那些自私吝啬、斤斤计较的人，不仅找不到合作伙伴，甚至有可能成为孤家寡人。有人可能会问：怎样才算与人为善呢？与人为善说起来很简单，做起来却不是一件容易的事，它包括相当广泛的内容。例如：关心他人，当朋友遇到困难的时候，主动伸出友谊之手；尊重他人，不去探究他人的隐私；不在背后议论、批评他人；善于和别人沟通、交流；善于和那些与自己兴趣、性格不同的人交往；承认对方的价值和努力，对于自己的过关要负起应负的责任……总的说来，善待他人的最重要原则就是"己所不欲，勿施于人"，凡事要从对方的角度来考虑。如果你能遵从这个原则，你将收获许多好朋友、好伙伴。

战国时期的名将吴起很懂得"与人为善就是善待自己"这个道理。《史记》中载有一个关于吴起的故事：

他爱兵如子，深得士兵们的爱戴。有一次，一个刚刚入伍的小兵在战争中负了伤，因战场上缺医少药，等到打完仗回到后方时，那位小兵的伤口已经化脓。吴起在巡营的时候发现了，他二话不说，立刻蹲下来，用嘴为那位士兵吸出脓血、消炎疗伤。那位小士兵见大将军竟然如此对待自己，感动得热泪盈眶，说不出一句话。其他士兵们看了，也深受感动，在之后的作战中纷纷舍生忘死、英勇杀敌。

可见，与人为善是我们在寻求成功的过程中必须遵守的一条基本准则。在当今这样一个合作的社会中，人与人之间的互动尤为重要。只有我们先去善待别人，善意地帮助别人，才能处理好人际关系，从而获得他人的愉快合作。

我们静下心来仔细思考一下，会发现自己很少赞美他人。我们跟他人比较时，总是会找到对方的缺点，总是会说谁谁谁又做错了，某某很笨。遇到人家做成什么事情后，我们会在心里说："这有什么，要是我肯定能做得比他好。"而当一个人做事情失败后，我们中间很多人又会在心里说："瞧瞧，他多笨呀，不行就是不行……"凡此种种，其实就是我们在内心深处不愿意看到他人的长处，不懂得善待他人的结果。

生活总是千差万别的，人的能力也是各种各样的，其实这跟我们的十个手指头不可能一样齐是一个道理。当一个不如自己的人，通过努力在做一件事情，我们用自己由衷的言语赞美一下，对于我们这可能不算什么，但是如果我们想象自己就是他，听到这赞美之词，会是一种什么样的心情呢？当一个强于自己的人，轻易完成一件事情后，我们给他赞美的同时，我们也会发现他成功的原因，我们会在关注他的同时发现他强于我们的原因，我们会要求自己朝着他成功的方向去努力，这总比我们一味地嫉妒、不服气要好吧？面对一个做错事情的人，特别是那种做错事情又伤害到我们的人，如果我们宽恕他，给他改过的机会，我们得到的肯定不再是气愤之类的感觉；当一个人遇到困难的时候，我们尽力帮助他，善待他，试想一下，当对方说谢谢的时候，我们得到的又是什么呢？

皖南山区某县有一个青年农民，他种的水稻品种好、产量高，他总是将自己的优良水稻品种无偿地送给村里的人。村民问他："你这样做不怕我们超过你吗？"这位青年农民回答："我将好种子送给你们，其实也是帮助了自己。"他知道，周围的人们改良了他们的水稻品种，可以避免自己的水稻品种产生异变，导致减产。

生活中对人多一份理解和宽容，其实就是支持和帮助自己，善待他人就是善待自己。如同有句话说的那样：授人玫瑰，手留余香。

有人说良好的人际关系不单单是行动上做出来的，更是从心底里"流"出来的。这句话很有哲理，它告诉我们在人际交往中要以诚待人，用"心"和他人交往。

在追求成功的过程中，任何人都离不开他人的合作；尤其是在现代社会里，如果你想获得成功，就应该想方设法获得周围人的支持和帮助。只有你真诚地对待别人，对方才会与你真诚合作。请记住：善待他人也就是善待自己！

人际交往之始，如何说能让自己脱颖而出

熙熙攘攘的人群中，有人虽然飘然而过，却让你久久回首，难以忘怀；社交聚会中，每个人都明艳照人，使尽浑身解数博取注意力，而有人却独领风骚。这和他们的说话方式不无关系。

在角色多如牛毛的社会舞台上，总有一些人一出场就能赢得满堂彩，一举手、一抬足就能显出与众不同，惹人注目。我们大多数人，仿佛注定了默默无闻，我们的平凡无奇，仿佛是无力改变的。你甘心一辈子只做"绿叶"吗？你难道不想当一回社交圈中的明星，风光一回吗？你难道不想让别人对你过目不忘、艳羡不已而崇拜吗？

以下就是令你轻轻松松脱颖而出的一些秘诀，只要你真正掌握，并举一反三，就能实现这些愿望。

1. 说话时善用手势，令别人对你印象深刻

令别人对你印象深刻的第一秘诀是妙用手势。手势是人际交往中不可缺少的动作，是最有表现力的一种"体态语言"。手势语言的好处多多；可以使所说的话给人以立体感、形象感，帮助对方理解所说内容；能强化所要表达的感情，激起对方的共鸣；能传达有声语言无法传达的微妙感情，令"一切尽在不言中"；有助于自己在交谈中做到同步思考。

总之，手势若使用恰当，不仅能很好地表情达意，而且能增加你的社交魅力，突显你的个性。经研究证明，人们更容易记住自己亲眼看到的动作，而对听到的声音，则因情、因境、因人各有不同，所以，在说话时巧妙地使用手势，更容易给对方留下深刻的印象。

恰当地运用手势，可以使你的形象更加生动鲜明，但是，手势的使用应该以帮助自己表达思想为准绳，不能过于单调重复，也不能做

得过多。反复做一种手势会让人感觉你的修养不够，有些神经质；不住地做手势，胡乱地做手势，更会影响别人对你说话内容的理解。所以，手势要用得恰到好处，有所节制，否则将适得其反。

2. 谈话时利用记事本，让别人做出"你很成功"的判断

也许，你和同事小王每天做同样的工作，拿同样高的薪酬，取得一样的成绩。可是，小王好像就是比你成功，至少，别人是这样认为的，有时，你也会有同感。为什么呢？原来，"成功"不仅是实质的工作、薪酬和成绩，对别人来说，"成功"更来自你的社交形象，你在社交中能展示"成功"的一些小细节，而在这些细节表现当中，最具效果的，莫过于随时利用记事本这一道具。

与人约时间时，我们一般会有两种反应：一种是表示什么时间都可以，而另一种则表示要翻一翻记事本，看看哪个时间可以。常常，对于第一种"友好和善"的人，我们会不置可否；而对于看似循规蹈矩的后者，反而印象深刻，认为对方一定是一个业务繁忙的成功人士。

在人们心目中，成功人士都是很忙的，日理万机，每天的日程一般在几天前就已订好，而且由于所见的人物都非同寻常，要处理的也都是重大事项，不能随意更改。所以，如果你有这些细节表现，人们就会认为你很成功、很能干。

事实上，"成功"人士就算知道自己某一天有空闲，在与人约时间时，也会掏出记事本装作要确定自己那天是否有时间的样子，以使对方对他的"业务繁忙""事业成功"产生很深的印象，而且，边看记事本边约定时间，还可以给对方留下做事谨慎、重约守信的好印象。

当我们看到写满姓名、电话、地址及预定行程的记事本时，往往会被它吓一跳，并自然地产生这个人交际很广、工作能力很强的印象。同样，善用这一道具，我们也可以令别人对我们产生这种印象。需要注意的是，要自然随意地拿出，不能过于做作，让别人看出是在"作秀"。

3. 令你魅力倍增的说话方式

（1）急事，慢慢地说

遇到急事，如果能沉下心思考，然后不急不躁地把事情说清楚，会给听者留下稳重、可靠的印象，从而增加他人对你的信任度。

（2）小事，幽默地说

尤其是一些善意的提醒，用句玩笑话讲出来，就不会让听者感觉生硬，他们不但会欣然接受你的提醒，还会增强彼此的亲密感。

（3）没把握的事，谨慎地说

对那些自己没有把握的事情，如果你不说，别人会觉得你虚伪；如果你能措辞严谨地说出来，会让人感到你是个值得信任的人。

（4）没发生的事，不要胡说

人们最讨厌无事生非的人，如果你从来不随便臆测没有的事，会让人觉得你为人成熟、有修养，是个做事认真、有责任感的人。

（5）做不到的事，别乱说

俗话说"没有金刚钻，别揽瓷器活"。不轻易承诺自己做不到的事，会让听者觉得你是一个"言必信，行必果"的人，愿意相信你。

（6）伤害人的事，不能说

不轻易用言语伤害别人，尤其在较为亲近的人之间，不说伤害人的话。这会让他们觉得你是个善良的人，有助于维系和增进感情。

（7）伤心的事，不要见人就说

人在伤心时，都有倾诉的欲望，但如果见人就说，很容易使听者心理压力过大，对你产生怀疑，进而疏远你。同时，你还会给人留下不为他人着想，想把痛苦转嫁给他人的印象。

（8）别人的事，小心地说

人与人之间都需要安全距离，不轻易评论和传播别人的事，会给人交往的安全感。

（9）自己的事，听别人怎么说

自己的事情要多听听局外人的看法，一则可以给人以谦虚的印象，二则会让人觉得你是个明事理的人。

（10）尊长的事，多听少说

年长的人往往不喜欢年轻人对自己的事发表太多的评论，如果年轻人说得过多，他们就觉得你不是一个尊敬长辈、谦虚好学的人。

4.令你魅力倍增的说话主题

谈谈梦想。假如你对别人说："我希望将来能住在国外，最好在澳大利亚买一个农场……"虽然有人会觉得你好高骛远，但多数人都会觉得你积极乐观，充满了浪漫的生活情趣。

假如你的梦想不是超现实的幻想，而是你的人生目标和事业规划，那别人就会觉得你这个人不同寻常，拥有远大目标，总有一天会美梦成真、出人头地。而且，人们都相信与有梦想的你在一起，会被你的积极、乐观和热情感染，因此，也会乐于和你接近、交往。

来点幽默。具有幽默感，不仅能给你的事业带来极大的好处，而且会使你的形象更有魅力。幽默的话题可以消除紧张情绪，创造一种轻松愉快的工作氛围，从而使你的事业更为成功。它同样也是塑造完美社交形象的一个因素，每当面临人际选择时，绝大多数人都愿意与那些有幽默感的人打交道。

在当今社会中，竞争异常激烈，人际关系日趋复杂，人们的压力和紧张情绪比以往任何时候都明显，许多人灰心丧气、精神抑郁。在这种时候，幽默感就显得越发重要。如果你天生就有幽默感，那一定要发扬它，这会令你的社交魅力倍增，人们也会乐于与你共事。

学会保持神秘感

人们总说，得不到的东西是最好的，在没有得到之前，总有丰富的想象空间和追逐目标的快乐过程。狮子般的人一旦与人亲近，便失去了威严。这就是重要人物总是为保持神秘感而很少在公众场合露面的原因。所以保持适当的神秘感，会让你更有吸引力。

有一种情况最适用于恋爱中的人们。心理学中有一种升值规律，即越是得不到的东西，越是值得朝思暮想。两个刚认识不久的人一定会非常迫切地希望知道对方的事情，尽管这是理所当然的愿望，却也会造成不利局面。对方一旦了解你的全部事情，对你的兴趣也会随之急速冷却，因此，要使每次约会都有新鲜感并使他 / 她对你持续抱有兴趣，一定要在恋爱期间保有一点神秘感。

不要说太多关于自己的事情，如果从自己出生开始到现在的一切，你都对他/她说得一清二楚，那你对他/她就毫无神秘感可言了。因此，若提到自己的事也要坚持不说某一时期或某些话题，保留一段让他/她好奇的岁月。

想追你的男士若邀请你外出游玩，不妨告诉他，你很想去，可惜那个时间段你已经答应了别人的邀约。这种做法，必然可以激起他对你的更大兴趣，男孩子大都喜欢去追一个炙手可热的女孩，竞争者愈多，他愈感到兴趣盎然。追到这样的女孩，他会更有成就感。

保持神秘感，并不是指拉远距离，隔着十米远说话。保持神秘感，是指要注意保持合适的距离。

一位心理学家做过这样一个实验。在一个刚刚开门的大阅览室里，当里面只有一位读者时，心理学家就进去拿椅子坐在他的旁边。试验进行了整整80人次。结果证明，在一个只有两位读者的空旷的阅览室里，没有一个被试者能够忍受一个陌生人紧挨自己坐下。这个实验说明了人与人之间需要保持一定的空间距离。任何一个人，都需要在自己的周围有一个专享的自我空间，它就像一个无形的"气泡"一样为自己"割据"了一定的"领域"。而当这个自我空间被人触犯就会感到不舒服，不安全，甚至恼怒起来。

正常的交往范围通常包括以下几种。

亲密距离： 近范围是15厘米之内；远范围是15～44厘米。0～15厘米，是人际交往中的最小间隔，即我们常说的"亲密无间"，彼此间可能肌肤相触，耳鬓厮磨，相互能感受到对方的体温、气味和气息。15～44厘米，双方身体上的接触可能表现为挽臂执手，或促膝谈心。亲密距离存在于亲密友好的人际关系中。

个人距离： 近范围是46～76厘米；远范围是76～122厘米。这是人际间隔上稍有分寸感的距离，已较少直接的身体接触。近范围距离时，双方能相互亲切握手，友好交谈；远范围时有一臂之隔。个人距离是与熟人交往的空间。

社交距离： 近范围为1.2～2.1米；远范围为2.1～3.7米。这已超出了亲密或熟人的交往距离，体现出一种社交性或礼节上的较正式关系。一般在工作环境和社交聚会上，人们都保持近范围程度的距离。以更正式的交往关系进行较为正式和公开的交谈时，多采用远范围距离。

公众距离： 近范围约3.7～7.6米；远范围在7米之外。这是公开演说时演说者与听众所保持的距离。这是一个几乎能容纳一切人的"门户开放"的空间，人们完全可以对处于空间内的其他人"视而不见"，不予交往。这个空间内的交往，大多是当众演讲之类的互动。当演讲者试图与一个特定的听众谈话时，他必须走下讲台，使两个人的距离缩短为个人距离或社交距离，才能够实现有效沟通。

在社会交往中，如果你渴望在保持良好的人际关系的同时，得到更多仰慕的目光，那么就要掌握与人保持适度距离的技巧。保持适当的神秘感，会让你更有吸引力。

不要夸夸其谈

有些人讲话，常常不考虑听者的感受，也不让他人有讲话的机会，所以容易引起他人的不快。其实，话语不在多少，只要恰到好处地说到"点儿"上即可，说多了反而会引起别人的反感。

古人言："劳谦虚己，则附之者众；骄慢倨傲，则去之者多。"善于交际的人往往虚怀若谷，在谈话中给别人留一片天地，而自以为是之人常常口若悬河，夸夸其谈，不给别人说话的机会。后者把自己看得很重，常常会让别人敬而远之，而前者常常把自己放得很低，虚心待人，自然会赢得大家的尊重。社交中多一点谦和、谦虚、谦让、谦恭，能让你在危急时刻获得绝处逢生的机会。

科学史上有过这样一件事：一个年轻人想到大发明家爱迪生的实验室里工作，爱迪生接见了他。这个年轻人为表示自己的雄心壮志，说："我一定会发明出一种万能溶液，它可以溶解一切物品。"爱迪生便问他："那么你想用什么器皿来盛放这种溶液呢？"

年轻人正是把话说绝了，陷入了自相矛盾的境地。如果将"一切"换为"大部分"，爱迪生便不会这样反诘他了。

词用对了，修饰程度不同，说起来分寸就不一样。如"好"一词，可以修饰为"很好""非常好""最好""不好""很不好"等，这些词的使用要慎重。

好的修饰词能使意思表达完整，恰到好处；过于夸大或过于绝对的修饰词，则会与客观实际相冲突。

屠格涅夫的小说《罗亭》中，皮卡索夫与罗亭有一段对话：

罗：妙极了！那么照您这样说，就没有什么信念之类的东西了？

皮：没有，根本不存在。

罗：您就这样确信吗？

皮：对。

罗：那么，您怎么能说没有信念这种东西呢？您自己首先就有一个。

因此，遇到没有把握的事，一定要多用"可能""也许""或者""大概""一般"等模糊意义的词，为自己的判断留有余地。

话多的人不一定智慧多。在人际沟通中，说话切记不要旁若无人地讲个不停，应该让别人也有讲话的机会，这才是智者所为。

第八章

笑融僵局，幽默的语言惹人爱

言语多点幽默，让话语变有趣

幽默是运用意味深长的诙谐语言抒发情感、传递信息，以引起听众的兴趣，从而感化听众、启迪听众的艺术手法。如果我们的言语中能多点幽默，我们所说的话将会更加有趣，吸引更多的人。

一位著名的作家曾经说过：生活中没有哲学还可以活下去，然而没有幽默的话，恐怕只有愚蠢的人才能生存。幽默是一个人的学识、才华、智慧在语言中的集中闪现，是一种"能抓住可笑或诙谐想象的能力"，它是对社会上种种不协调、不合理的荒谬、偏颇、弊端、矛盾实质的揭示和对某些反常规言行的描述。幽默的语言可以使我们内心的紧张和重压释放出来，化作轻松的一笑。在沟通中，幽默的语言如同润滑剂，可有效地降低人与人之间的"摩擦系数"，化解冲突和矛盾，使我们从容地摆脱沟通中可能遇到的困境。

有对夫妇带着6岁的孩子去租房，他们看中了一处房子，可房东不肯将房子租给他们，原因是她喜欢安静，从不将房子租给有孩子的人。夫妇交涉无果，于是6岁的孩子对房东说："您可将房子租给我呀，我没有孩子，只有爸爸妈妈。"房东真的把房子租给了他们。孩子从成人的视角看问题，构成了独特的趣味思维形式，让人感受到一种天真情趣。

由此看来，幽默不是故作天真，而是从多重视角去透视事件或问题，并找出其中富有情趣的一面，对其进行凸显化、集中化的语言处理，从而化紧张、严肃为轻松、谐趣。幽默是人们适应环境的工具，是人类面临困境时减轻精神和心理压力的方法之一。契诃夫说过："不懂得开玩笑的人，是没有希望的人。"可见，生活中每个人都应当学会幽默。多一点幽默感，就会少一点气急败坏，少一点偏执极端。

幽默可以淡化人的消极情绪，消除沮丧与痛苦。具有幽默感的人，其生活充满情趣，许多看来令人痛苦烦恼之事，他们却应付得轻松自如。用幽默来处理烦恼与矛盾，会使人感到和谐愉快，友好幸福。那么，怎样使语言富有幽默感呢？不妨试试以下几种方法。

1. 颠倒成趣

把正常的人物关系或者动机与效果在一定条件下互换位置。

曾风靡一时的舞蹈家邓肯写信向幽默大师萧伯纳求爱，她在信中说："如果我俩结合，生下的孩子，既有我美丽的外表，又有你睿智的头脑，这该多妙呀！"萧伯纳风趣地回信说："如果孩子的外表像我，头脑却像你，那该有多糟啊！"

2. 移花接木

把在某种场合下十分恰当的情节或语言，移植到另一迥然不同的场合中，达到张冠李戴、荒唐可笑的幽默效果。

生物学家格瓦列夫在一次讲课时，一位学生突然学起鸡叫，引起一片哄笑。格瓦列夫却不动声色地看了下自己的挂表说："我这只表误时了，没想到现在已是凌晨。不过，请同学们相信我的话，公鸡报晓是低等动物的一种本能。"

3. 故意卖关子

首先故意提出一个容易使人产生误解的结论，然后再做出一个出人意料的分析和解释。

作家柯南·道尔在罗马时，一次乘坐出租车去旅馆，途中他与司机两人聊了起来。司机问："你是柯南·道尔先生吗？"

"你怎么知道我的名字？"柯南·道尔奇怪地问道。

"啊，简单得很，你是在罗马车站上车的，你的穿着是英国式的，你的口袋里露出一本侦探小说来。"

"太了不起了！"柯南·道尔叫起来，他很惊奇在意大利会碰到第二个"福尔摩斯"。他习惯地问一句："你还看到其他什么痕迹没有？"

"没有，没有别的，除了在你皮箱上我还看到你的名字外。"

可见，司机故意卖关子，让柯南·道尔误以为他是第二个"福尔摩斯"，然后，司机再出乎意料地解释，造成强烈的幽默感。

4. 巧设悬念

当你叙述某件趣事的时候，不要急于显示结果，应当沉住气，给听众营造一种悬念。假如你迫不及待地把结果讲出来，或通过表情动作的变化透露出来，幽默就会失去效力，只能让人感到扫兴。

美国有个倒卖香烟的商人到法国做生意。一天，他在巴黎的一个集市上大谈抽烟的好处。突然，从听众中走出一位老人，径自上了台，那位商人吃了一惊。

老人在台上站定后，便大声说道："女士们，先生们，对于抽烟的好处，除了这位先生讲的，还有三大好处哩！"美国商人一听这话，连连向老人道谢："谢谢您了，先生，看您相貌不凡，肯定是位学识渊博的老人，请你把抽烟的三大好处当众讲讲吧！"老人微微一笑，说道："第一，狗害怕抽烟的人，一见就逃。"台下听众顿时被吸引，商人不由得心里暗暗高兴。"第二，小偷不敢偷抽烟者的东西。"台下听众连连称奇，商人更加高兴。"第三，抽烟的人永不老。"台下听众惊诧不已，商人更加喜不自禁。听众中要求解释的声音一浪高过一浪。老人把手一摆，说道："请安静，我给大家解释！"商人格外振奋，催促老人说："老先生，请您快讲！""第一，抽烟之人驼背的多，狗一见到他认为是在弯腰拾石头打它，能不害怕吗？"台下听众笑出了声，商人心里一惊。"第二，抽烟的人夜里总是咳嗽，小偷以为他没睡着，所以不敢去偷。"台下听众一阵大笑，商人大汗直冒。"第三，抽烟人短命，所以没有机会衰老。"台下听众哄堂大笑。此时，大家发现商人不知什么时候溜走了。

这则幽默一波三折，层层推进，老人在把听众的胃口吊得足够"高"时，才不慌不忙地把真实意思表达出来。这就是巧设悬念的魅力。

在与别人交往时难免会发生一些不必要的摩擦。如果此时从容地开个玩笑，紧张的气氛就得以缓解，而且对方还会被你的魅力所吸引，被你的宽广胸怀所感动，最后真正乐意地接受你。

幽默是一种智慧的表现，它必须建立在拥有丰富知识的基础上。一个人只有具备审时度势的能力、广博的知识，才能做到谈吐幽默，妙言成趣。因此，要培养幽默感必须不断充实自我，不断从浩如烟海的书籍中汲取幽默的智慧。

善用调侃，让自己获得好人缘

拥有好人缘，未必要比他人多付出多少艰辛，未必要给他人多少好处。好人缘是在日常生活中通过各种方式不断沉淀和积累而来的，适当的调侃是让自己获得好人缘的有效手段之一。

幽默是人的天性，没有人不向往愉悦的生活。当遇到不如意时，会调侃的人更懂得如何调剂。当受到不公平待遇时，他们即使心情郁闷到极点，也会通过独有的幽默和调侃的语言给人传递出快乐的信息。这样的人乐天且幽默，对生活充满激情，浑身上下洋溢着一种能使人愉悦的气场。

在机关单位上班的老陈人缘极好，单位中无论是领导还是同事，只要提到老陈，没有人会说他的不好。

老陈是个大胖子，行动不便，可是他从未因为胖而自卑。一次，办公室的同事们趁午休的空当闲聊，说到了"胖"这个话题。性格开朗的老陈对同事们说："你们信不信，当在公交车上让座时，我完全能够让两位老人或三位身材苗条的女士坐下。"老陈的一席话让在座的同事哈哈大笑。这种轻松愉快的自我调侃表现出他非凡的亲和力。老陈的谈吐给同事们带来了轻松感，使交谈的氛围更加和谐融洽。

其实，适当的调侃不但能在日常社交中起着催生好感的作用，让你获得好人缘，还能帮你获得意想不到的收获呢！

紫欣才貌双全，但她是个挑剔而又感性的女孩，大学毕业后交往过几个男朋友，结果都不了了之，这令家人和朋友都很不理解。在众人的期盼之下，紫欣终于宣布了自己即将结婚的消息！

结婚那天，紫欣的好多亲友都来了，看着她幸福的样子，好朋友们禁不住问她："你丈夫到底有什么好，能让你义无反顾地选择了他？"因为朋友们都知道，紫欣的丈夫并不是众多追求者中的佼佼者，他既不是最帅的，也不是最有能力的，而紫欣却接受了他的求婚。紫欣嫣然一笑，说道："其实没有什么特别的，只是和他在一起我觉得很快乐，无论遇到什么情况，他都能调侃几句，用他那恰到好处的幽默来逗我笑！"

原来如此。新郎以幽默的调侃赢得美人的芳心，"侃"到爱人，"侃"出好姻缘。

调侃可以为我们带来正面效应，但我们不要就此认为只要是调侃都会收到理想的效果。适当的调侃的确可以为平淡的生活带来一份美意，一丝涟漪，让生活变得不无聊。但是，调侃千万不能过度，肆无忌惮的调侃会让人觉得自己是在被人开涮，会让人产生误会，更别说获得对方的好感和认可了。

所以，要掌握好调侃的度。调侃要分时间、场合，最重要的是要注意被调侃的对象，说话要分轻重，这样才能避免过度调侃而引发的不快。

将幽默融入意见中去

想要向别人表达不满或者其他意见却又不想直接说时，我们可以将幽默融入意见中，这样既不伤人，又能达到预期的目的。

工作和生活中经常会出现有一些让人不能认同的做法，如果理直气壮地说出自己的想法，甚至略带指责的语气，那么对方不仅无法心悦诚服地接受你的意见，还会认为你是个自大狂。此时不妨换个方式提意见，将幽默融入你的意见之中。

当遇到令人不痛快的事情时，利用幽默来表达自己的意见，双方相视一笑，事情也就过去了。

杨小姐是一家餐厅的服务员。一天，餐厅来了一位女士，点了一份煎鸡蛋，正好是杨小姐接待的。女士对杨小姐说："我要的煎鸡蛋和别人的不一样，蛋白要全熟，但是蛋黄要生的。放少许盐，放少许胡椒粉。最重要的是，鸡蛋一定要是乡下散养的柴鸡刚刚下的新鲜鸡蛋！"

杨小姐听过她的诸多要求后，气得不行，但是她没用不满的语气提出意见，而是说："您提出的这些要求我都记下了，但是对于您所要求的那只下蛋的母鸡我还要确认一下，它的名字叫小美，您看合适吗？"

故事中，杨小姐没有直接表达她对这位挑剔女士所提的苛刻要求的不满，而是顺着对方的思路，提出了一个更不符合逻辑的可笑问题来提醒对方：她的要求实在是过分，根本无法满足。

杨小姐所说的任何一个字都没有伤及对方，这样不但提出了意见，而且也维护了那位女顾客的自尊。试想，在这种情况下，那位挑剔的女士还会因为对母鸡的名字不满而继续挑剔吗？

婉言曲说成幽默

有些事直接发表自己的见解不太合适，容易让人误解或不愉快，婉言曲说是很好的方法，而且这种婉言曲说不同于修辞格里的委婉修辞方法，它是形成幽默的一种语言艺术。

王麻子是个极爱占小便宜的人，常常在别人家白吃白喝，吃完了上顿等下顿，住了两天住三天。一次，他在一朋友家里吃了三天后，问主人道："今天弄什么好吃的呀？"

主人想了想，说："今天我们弄麻雀肉吃吧！"

王麻子问："哪来那么多麻雀肉呢？"

主人说："先撒些稻谷在晒场上，趁麻雀来吃时，就用牛拉上石磨一碾，不就得了吗？"

这个爱占便宜的人连连摇手说："这个办法不行，这样还不等石磨过来，麻雀早就飞跑了。"

主人一语双关地说："麻雀是占惯了便宜的，只要有了好吃的，怎么碾（撵）也碾（撵）不走。"

现在我们谈论的"婉言曲说"的幽默法，可以说是"婉曲"的变格，它是说话人故意把所要表达的本意绕个圈子曲折地说出来，利用婉言来获得幽默效果。

克诺先生来到一个陌生的城市，走进一家小旅馆，他想在那儿过夜。

"一个单间含早餐要多少钱？"他问旅馆老板。

"不同房间不同的价格，二楼房间15马克一天，三楼房间12马克一天，四楼10马克，五楼只要7马克。"

克诺先生考虑了几分钟，然后提起箱子就走。

"您觉得价格太高了吗？"老板问。

"不，"克诺回答，"是您的房子还不够高。"

一般说来，幽默应避免敌意和冲突，否则，幽默就会被减弱或者失去效果。从这个意义上讲，婉言曲说最适合构成幽默。

一个法国出版商想得到著名作家的赞扬，借以抬高自己的身价。出版商想，要得到作家的好感，必须先赞扬赞扬他。

这天，他去拜访一位知名作家。他看到作家的书桌上正摊着一篇评论巴尔扎克小说的文章，便说："啊，先生，您又在评论巴尔扎克了。的确，多少年来，真正懂得巴尔扎克作品的人太少了，算来算去，也只有两个。"

作家一听就明白了出版商的意图，便让他继续说下去。"这两个人，其中一个是您了。可是还有一个呢？您说，他应当是谁？"

作家说："那当然是巴尔扎克自己了。"

出版商顿时像泄了气的气球，悻悻地走了。

出版商想求得知名作家的赞扬，特意登门拜访。作家呢，不好直接拒绝，就来了个婉言曲说。出版商把世间懂巴尔扎克作品的人确定为两个，一个，他自然要送给作家了；另一个，他是给自己预备的。但若由自己说出来，那太没涵养，况且自己认可的东西并不一定能得到作家的赞同，还是启发作家说出来吧。由此，出版商一直沿着自己的设计和思路，准备着一种情感——他期待着作家的赞扬，让作家指出他是懂巴尔扎克作品的人。

作家并不回绝对方的话，因为那太扫人兴了；但是他有意漠视对方的"话外音"，一句答话，让对方的期待栽了个大跟头。作家回答的是，另一个懂巴尔扎克的人是巴尔扎克自己。于是对方没戏唱了，只好散场。

凡有大成就者，向来都是舌灿莲花的高手，他们在待人接物上有着独到的迂回之术，能够在让人发笑的过程中潜移默化地灌输自己的观点。

著名的法国钢琴家乌尔蒙，年轻时有一天，他弹奏拉威尔的名曲《悼念公主的孔雀舞曲》，因为节奏太慢，听他弹奏的拉威尔终于忍不住对他说："孩子，你要注意，死的是公主，而不是孔雀。"

在这里，拉威尔将公主与孔雀这两种原来互不相干的事物，出人意料地联系起来，使人们产生新奇感，并在笑声中意会到拉威尔话语的真正含义。

拉威尔对乌尔蒙的演奏"节奏太慢"，并不是采取直接批评的方式，而是采用婉转的暗示："死的是公主，而不是孔雀。"这样，使演奏者首先得回味一下，拉威尔的话到什么意思？弄清楚了，便意识到自己处理作品中的失误。应该加快速度，快到什么程度呢？拉威尔的话给了提示，是孔雀舞曲。演奏者脑海中定会浮现出美丽的孔雀翩翩起舞的姿态。拉威尔的旁敲侧击，使乌尔蒙明白了自己的毛病所在。

幽默是一种高超的语言艺术，这种艺术是在婉言曲说中产生的。说话直愣的人不可能创造出幽默来。按部就班，一是一，二是二，实说实，虚说虚，没有任何的发挥就不可能碰撞出幽默的火花。

拿自己开玩笑，学会自嘲

犯了错误或者身陷尴尬境地时，不妨自嘲一下，你的失误将随着笑声消减，而你也会在他人的心中留下豁达可爱的形象。

如果你有风趣的思想，轻松地面对自己，你便会发现自己可以开开心心地接受自己的身高、体重或其他身体特征；你也会发现幽默能帮你以新的眼光去看你对经济的忧虑。也许你无法得到真诚的爱，但是你能使你的人际关系充满温暖和谐——与人分享欢乐，甚至和仅仅有一面之缘的人也会有很好的关系。

自嘲是自己对自己幽默，是消除自己在沟通中害怕犯错的良方。

自嘲是运用戏谑的语言，向别人暴露自身的缺点、缺陷与不幸，说得俗一些，就是把脸上的灰指给对方看。

正如人们喜欢谈论一些关于别人的笑话一样，在适当的时候，也要拿自己开开玩笑，要善于自嘲。

美国著名的律师乔特是最善于讲关于自己笑话的人。有一次，哥伦比亚大学的校长蒲特勒在请他做演讲时，曾极力称赞他，说他是"我们的第一国民"。

这实在是一个卖弄自己的绝好机会。他可以自傲地站起来，用一副得意扬扬的神气向听众示意："你们看，第一国民要对你们演讲了。"

但是聪明的乔特并没有如此。他似乎对这种称赞充耳不闻，却转而调侃自己的"无知"。这种自嘲很快博得了听众的好感。

他说："你们的校长刚才偶然说了一个词，我有点听不太懂。他说什么'第一国民'，我想他一定是指莎士比亚戏剧里的什么国民。我想，你们的校长一定是个莎士比亚专家，研究莎士比亚很有心得，当时他一定是想到莎士比亚了。诸位都知道，在莎氏的许多戏剧中，'国民'不过是舞台的装饰品，如第一国民、第二国民、第三国民等等。每个国民都很少说话，就是说那一点点话，也说得不太好。他们彼此都差不多，就是把各个国民的号数彼此调换，别人也根本看不出有什么分别的。"

这实在是一种非常聪明的方法，它使自己与听众居于同等的地位，拉近了自己与听众的距离。他不想停留在蒲特勒所抬举的那种高高在上的地位上。如果他换一种说法，用庄重一点的言辞，比如，"你们校长称我为第一国民，他的意思不过是说我是舞台上的一个无用的装饰品而已"。虽然表达的意思是一样的，但是绝对不能把那种礼节性的赞词变为一种轻松的笑话，也绝对不会取得同样的效果。

无论是在一帮很好的朋友中，还是在一大群听众中，能够想出一些关于自己的笑话，能够适当地自嘲，是赢得别人尊敬与理解的重要方法，远远要比开别人玩笑重要得多。拿自己开开玩笑，可以使我们对世事抱有一种健全的态度，因为如果我们能与别人平等地相待，就可以为自己赢得不少的朋友。相反，如果我们为显示自己是怎样的聪明，而拿别人开玩笑，以牺牲别人来抬高自己，那我们一生一世也难以交到一个朋友，更不用说距离成功会有多么遥远了。

成功的人士从不试图掩饰自己的弱点，相反，有时他们会拿自己的弱点开开玩笑。在现实生活中，我们也经常会遇到一些专喜欢遮掩自己弱点的人：他们也许脸上有些缺陷，也许所受教育太少，也许举止粗鲁……他们总是试图想出方法来掩饰自己的缺陷，不让别人知道。但这样做以后，他们却会于无形中背弃了诚恳的态度，毫无疑问，与之交往的朋友会对他们形成一种不诚恳的印象，使人们不敢再与他们交往。

世界上最不幸的就是那些既缺乏机智又不诚恳的人。很多人常常自以为很幽默，经常拿别人开玩笑，处处表现出小聪明，结果弄得与他交往的人不敢再信任他，以前的朋友也会敬而远之。

适当地拿自己开开玩笑吧，这不仅是一种智慧，更是驱散忧虑、走向成功的法宝。

巧言妙语能够增添家庭中的乐趣

家是避风的港湾，如果能够用巧言妙语增添家庭中的乐趣，那么你的家庭将更加和谐，你的家庭生活也会更加美好！

家庭琐事繁多，父母、孩子之间的关系处理不好，既影响生活的质量，又影响夫妻间的感情。若要避免这种情形出现，就要在言谈上多下功夫。

1. 注意闲谈的技巧

一家人能够说说笑笑，生活则显得和睦、融洽。平常的交流看起来无关紧要，其实，它是一种情感的交流，是家庭生活的点缀。假如一家子冷言冷语，家便是一个"地狱"。

母亲：你今天又没回来吃晚饭，是怎么回事？

儿子：哦，单位里应酬太多！

母亲：你也太忙了，其他人不可以分担一点吗？

儿子：你不知道，现在是什么年代了？

母亲：还喝点鸡汤吗？

儿子：不啦！

母亲：明天家里有亲戚来，你晚上回来吃饭，行吗？

儿子：明天再说吧。

母亲的一副热心肠却换来儿子的冷言冷语，这只会让做母亲的心寒。其实，儿子可以讲些公司里有趣的事，让母亲乐和乐和，让她心情愉悦地理解儿子的忙碌。

2. 谅解为上

矛盾是不可避免的，所以你要学会谅解，承认矛盾的存在。用亲切温存的话安慰人，使之抛弃烦恼，营造和谐的家庭气氛。

丈夫下班回家满脸怒气，一言不发。妻子安慰道："单位里有什么不如意的事？忘掉它！岂能事事尽如人意，事事称己心！来，卡拉OK一首。"丈夫立时就消了火，拿起话筒唱起了歌。有一回妻子生闷气，怔怔地发呆也不做饭，丈夫说："气大伤身呢，来，我们合唱一曲《天仙配》，你唱男声，我唱女声。"妻子开始还不想唱，后来看丈夫正儿八经地捏着嗓子唱"树上的鸟儿成双对"时她的气顿时就消了。

谁都有不顺心之时，学会温言软语说服人，就能为家庭和睦创造条件，营建一个幸福的家庭。

幽默的魅力

幽默既能消除工作中的疲劳，又可以调动工作气氛，还能增进健康，松弛绷紧的神经。

一个幽默的领导，很容易获得周围人的欣赏与爱戴。

恰当的幽默对于领导者来说，具有以下神奇作用。

1. 幽默能够化解尴尬

幽默是化解尴尬、冲突的好方法。对于一个集体而言，适当的幽默不仅能稳定集体的情绪，还能避免一些冲突或不快场面的出现。

一次，英国前首相威尔逊在一个广场上举行公开演说。突然从听众中扔来一个鸡蛋，正好打中他的脸。后来，保安人员发现扔鸡蛋的是一个小孩。威尔逊得知后，先是指示保安人员放走小孩，后来马上又叫住了小孩，并当众叫助手记下小孩的名字、家里的电话与地址。听众们都心里想着：威尔逊是不是要处罚小孩子。于是听众开始骚乱起来。这时威尔逊要求会场安静，并对大家说："虽然他的行为不对，但是身为首相，我有责任为国家储备人才。那位小朋友从下面那么远的地方，能够将鸡蛋扔得这么准，证明他可能是一个很好的运动人才，所以我要将他的名字记下来，以便让体育大臣注意栽培他，使其将来成为我国的棒球选手，为国效力。"威尔逊的话把听众都说乐了。

2. 幽默能轻松地达到教育的目的

幽默式批评就是在批评过程中，使用富有哲理的故事、双关语、形象的比喻等缓解批评者的紧张情绪，启发被批评者思考，促进相互间的感情交流，使批评不但达到教育对方的目的，同时也创造一个轻松愉快的气氛。

一位上司问自己的下属："马克思是哪国人？"这位下属想了一会儿说："法国人。"只见上司回答道："哦，马克思搬家了。"常识性问题都答不出，上司当然不快，但上司却采用了幽默的回答，不仅达到了批评教育的目的，也不会令对方尴尬。

我们如果在交往中掌握了幽默的技巧，就能巧妙地应付各种尴尬的局面，很好地调节生活，甚至改变人生。

出其不意，用幽默制胜

面对别人的指责或挑剔时，出其不意地运用幽默的语言进行反驳，可以扭转不利的局势，化解尴尬的局面。

利用幽默出奇制胜，往往会使你的语言更有说服力，达到奇妙的沟通效果。

有一天，德国诗人歌德在公园里散步。在一条只能通过一个人的小道上，他迎面遇到了一个曾经对他的作品提出尖锐批评的评论家。这位评论家高声喊道："我从来不给傻子让路！"

"而我则相反！"歌德一边说，一边满面笑容地让路。

歌德运用幽默战术，出其不意地将了对方一军，达到了"反败为胜"的目的。

有一条狗疯狂地向一个农夫扑去，农夫忍无可忍，用粪叉打死了那条狗。于是狗的主人将农夫告到法院，要农夫赔偿损失。法官说："你要是把叉子倒过来，用没有尖刺的那一头，不就没有这事了吗？"

农夫回答说："您说得对，法官先生，要是那狗倒着向我扑过来，我会那样做的！"结果农夫被宣判无罪。

农夫在法庭上遇到急迫而又棘手的问题时，随机应变，以一句幽默的话使自己立于不败之地。

一个顾客在酒店喝酒，他喝完第二杯后，转身问老板："你一星期能卖多少桶啤酒？"

"35桶。"老板得意扬扬地回答。

"那么，"顾客说，"我倒想出一个能使你每星期卖掉70桶啤酒的方法。"

老板很惊讶，忙问："什么方法？"

"这很简单，只要你将每个杯子里的啤酒装满就行了。"

这位顾客的本意是指责老板卖的啤酒只有半杯，但他利用老板"唯利是图"的心理，设下一个"圈套"，让老板不知不觉地钻了进去，巧妙地指责了老板的恶劣行为。

有一位绅士正在餐馆里进餐，忽然发现菜汤里有一只苍蝇。他扬手招来侍者，冷冷地说道："请问，这小东西在我的汤里干什么？"在这种情况下，无论侍者如何解释、道歉，都只能受到尖锐的批评，甚至会引起顾客更大的愤怒。但是，幽默帮了他的忙，把他从困境中解救出来，使气氛得以缓和。侍者弯下腰，仔细看了半天，回答道："先生，它是在仰泳！"餐馆里的顾客被逗得捧腹大笑。

恰当使用幽默不但让人愉快，还能扭转不利的局势，化解尴尬的局面。

第九章

拒绝的语言要委婉

师出有名，给你做的每件事一个说法

很多时候，我们需要为自己所做的事找一个由头，这样，我们所做的事才更容易得到别人的认同。

做任何事情都要有正当的理由，至少是表面上的。古往今来，凡是成大事的人，都懂得为自己做的事找一个能够为人所接受的理由。

人与人交往，我们有时难免要借助善意的谎言，因为它是关心对方、理解对方的一种表示，对人际关系的和谐大有裨益。如果我们懂得运用这种真诚和善意来处理相互间的关系，我们与他人的交往便更具艺术性。

戴尔·卡耐基在《人性的弱点》一书中讲了这样一个例子：

一个妇女应老师的要求，回到家中请她的丈夫给自己列出6个缺点。本来，她丈夫可以给她列举出许多缺点，但是，他却没有这样做。而是借口说自己一时还很难想清楚，等次日想好后再告诉她。第二天，他一起床，便给花店打了一个电话，要求给他家送来6朵玫瑰花，并附了一张字条："我想不出有哪6个缺点，我就喜欢你现在的样子。"结果，他妻子不仅非常感激他那善意的宽容，而且自觉、自愿地改正了以前的缺点。

日常交往中，我们每个人都在有意或无意地用着这样或那样的借口。比如，朋友来家做客，不小心打碎了茶杯，这时，你马上会说："不要紧，你才打碎了一只，我爱人曾经打碎了三只。相比起来，你的战绩平平。"这种幽默的借口，既打破了尴尬的局面，也避免了对方陷入难堪的境地。

可见，在日常生活中，要处理好人与人之间的关系，做到善解人意、与人为善，有时就需要寻找合适的借口；因为这种善意的借口既能满足对方的自尊心，维护对方的颜面，又可以让自己摆脱不必要的尴尬和难堪。

托词不能损害对方的利益

从对方的利益出发，掌握好说"不"的分寸和技巧，给出一个对方能够接受的，并且不会伤害对方的托词十分重要。

随着社会的发展，人与人之间的交往越来越密切，也越来越复杂。比如：我们经常会发现办公室中谈笑风生的两个人，其实彼此早已积怨很深；昨天还势如水火的两个同事，今天却亲密得俨如老友。从中我们可以看出，办公室中的人际关系确实是高深莫测，让人难以捉摸。其实，我们每个人都希望能够得到他人的关注与理解。因此在职场上，我们要学会理解他人，要把握处理事情的分寸，尤其是我们因为各种原因而不能配合对方时，一定要从对方的利益出发，说好托词。

例如，在办公室里，你在拒绝别人请求时，如只是说"我很忙"，对方则会认为你不爱帮助别人。所以，拒绝别人时，要具体地说明理由。

再如，你正忙着整理第二天重要会议的资料时，你的上司走过来对你说："先处理这份文件。"

这时，你可以明确地告诉他，你正在为明天的重要会议准备资料，然后让上司判断哪个工作更加急迫。

"是这样啊！你正在做的工作不尽快完成可不行，我的这份之后再弄。"

每个人都会有需要别人施以援手的时候，所以，多一个敌人绝对不是什么好事情。虽然我们避免不了拒绝的发生，却可以采取适当的拒绝方式，最大限度地避免因为拒绝而树敌。

经常有人会说出这样的话："这件事情恕难照办""我们每天都一样地工作，凭什么要我帮你的忙"……如果你听到些话，会是什么反应呢？

一般情况下，我们在拒绝别人的时候要注意以下几点。

1. 积极地倾听

当你要拒绝别人的请求时，不要随口就说出自己的想法。过分急躁的拒绝最容易引起对方的反感，应该耐心地听完对方的话，并用心弄懂对方的理由和要求，让对方了解到自己的拒绝不是草率做出的，是在认真考虑之后才不得已而为之的。

2. 用和蔼的态度拒绝对方

不要以一种高高在上的态度拒绝对方的要求，不要对他人的请求流露出不快的神色，更不要蔑视或忽略对方，这都是没有修养的具体表现，会让对方觉得你的拒绝是对他抱有成见，从而对你的拒绝产生逆反心理。拒绝对方要保持和蔼的态度，要真诚。

3. 明确地告诉对方你要考虑的时间

我们经常碍于面子不愿意当面拒绝他人的请求，而是以"需要考虑"为借口来避免直接拒绝对方，其实希望通过拖延时间使对方知难而退。这是错误的。如果不愿意立刻当面拒绝，应该明确告知对方考虑的时间，表示自己的诚意。

4. 用抱歉的话语来缓和对方的情绪

对于他人的请求，表示出无能为力，或迫于情势而不得不拒绝时，一定记得加上"实在对不起""请您原谅"等抱歉用语，这样，便能不同程度地减轻对方因遭拒绝而受的打击，舒缓对方的挫折感和对立情绪。

5. 说明拒绝的理由

在拒绝他人的请求时，不要只用一个"不"字就想使对方"打道回府"，而应给"不"加上合情合理的注解，以使对方明白，自己的拒绝并非毫无理由，而是确有苦衷。

真诚地说出你拒绝的理由是非常必要的，它有助于你们维持原有的友好关系。

6. 提出取代的办法

当你拒绝别人时，肯定会影响他计划的正常进程，甚至使他的计划搁浅。如果你帮他提供一些建设性的意见，当然更能减轻对方的挫折感和对你的怨恨心理。

7. 对事不对人

你要想方设法地让对方知道你拒绝的是他的请求，而不是他这个人。

总而言之，成功地拒绝别人的请求不仅可以节省自己的时间和精力，还可以免除由不情愿行为所带来的心理压力。但前提是，拒绝时必须不损害对方的利益。

托词要真诚

当你不得不拒绝别人时，要准备好真诚的托词，让别人打从心眼儿里觉得的确是你能力有限从而不得不拒绝。

被拒绝必然会让人感到不愉快。委婉拒绝无非是为了减轻双方，特别是对方的心理负担，并非玩弄"技巧"来捉弄对方。特别是上司拒绝下属的要求时，不能盛气凌人，要以同情的态度，关切的口吻讲述理由，使之心服。在结束交谈时，一定要表示歉意。一次成功的拒绝，也可能为将来的重新握手、更深层次的交际播下希望的种子。

从事销售的小刘遇上一位工作狂的上司，很多同事都因此而"逃离"了，而她却能始终保持极佳的工作状态，她是怎么做的呢？

小刘说："一开始我也像上司一样以办公室为家，日日夜夜伏案工作，在我的字典里'休息'这个词似乎早就不存在了。后来我发现他有一个思维定式：疏于考虑自己分配下去的任务量有多少，下属需要花费多长时间可以搞定，想当然地认为你应该没问题。所以，在那之后，如果我觉得工作量过大，超出了个人能力所能达到的范畴时，我不会一味投身于工作中蛮干，要知道，不说出来的话，工作狂的老板是不会体会到你的负荷已经到了警戒线的。这也不能怪他，每个人的承受能力不同，老板又如何能体会到下属执行当中的难度与苦衷？这个时候，下属应该主动与老板沟通交流。口头上的陈述困难或许有故意推托之嫌，书面呈送工作时间安排与流程，靠数据来说明工作过多，让他相信，承担过多的工作会令人效率降低。合理正确的沟通会令老板了解你的需求，从而适当调整任务量及完成时间，或选派更多的同仁来帮你分担。"

试想一下，如果小刘怕得罪上司而勉强接受所有任务，到时完不成任务更会受到上司的指责——自己不事先说明难度，最后又耽搁项目的进度，罪过更大。这种坦诚拒绝的方法不仅适用于上司，也适用于周围的同事。当然，坦诚拒绝也要讲究方式。

当别人向你提出请求时，他们一定会担心你会不会马上拒绝自己，或者给自己脸色看。所以，在你决定拒绝之前，首先要注意倾听他的诉求。比较好的办法是，请对方把处境与需要讲得更清楚一些，这样，自己才知道如何帮他。

倾听能够让对方感受到你的尊重和真诚，到你委婉地向对方表达自己的拒绝时，可以避免使对方的感情受到严重的伤害。

倾听的另一个好处是，你虽然拒绝他，却可以针对他的情况，建议如何取得适当的支援。若是能提出有效的建议或替代方案，对方一样会感激你，甚至在你的指引下找到更好的解决方案。

直接的拒绝只会伤害彼此的感情，而委婉地说“不”则更容易让人接受。当你仔细倾听了别人的要求，并认为自己应该拒绝的时候，说“不”的态度必须是温和而坚定的。

例如，当对方提出的要求不符合公司或部门的规定，你就要委婉地让对方知道自己帮不了这个忙，因为它违反了公司的相关规定。在自己工作已经排满而爱莫能助的前提下，要让他清楚地明白这一点。一般来说，同事听你这么说一定会接受你的拒绝，再想其他办法。

拒绝除了需要技巧，更需要耐心与关怀；若只是敷衍了事，必然会伤害到对方。

1. 对领导说“不”时一定要把握好时机

“不管什么事情只要交给安娜，我就放心了。”安娜进公司 3 年，这是领导常挂在嘴边的话。开始安娜很高兴，但时间一天天过去，交给她的任务越来越多。安娜，这个方案你盯一下；安娜，这个客户恐怕只有你能对付；安娜，上海的那个项目人手不够，你顶一下。老总为某事抓狂时，必会打开房门大叫安娜。

安娜手里的事情多到了加班加点也做不完，可周围有些同事却闲得很，薪水也并不比她少多少。安娜想，也许自己再忍一忍就会有升职的机会。然而，机会一次次地走到了她面前却又一次次地拐了弯。后来，安娜从人事部的一位前辈口里得知，关于她升职的事中层主管讨论过很多次了，每次都被老总否决了，说安娜虽然业务能力不错，但管理能力不足，需要再锻炼锻炼。

安娜很气恼，回家跟丈夫抱怨。丈夫居然也说："如果我是你们老总，我也不会升你的职。一个不懂拒绝的人，怎么去管理别人？"安娜仔细想了想，觉得丈夫的话很有道理。

之后，当老总给她加工作量时，安娜鼓足勇气说："我手里有3个大项目，10个小项目，我担心时间安排不过来。"老总一听，脸立刻变了色："可是，这个项目只有你去做我才放心。"

"那好吧，我赶一赶。"说完这句话，安娜恨不得咬掉自己的舌头。看着老总"多云转晴"的脸，一个大胆的念头突然冒了出来，"不过，要按时保质完成，我需要几个帮手。"安娜轻描淡写地说。老总惊讶地看着她，继而笑着说："我考虑一下。"

原来安娜想，如果老总答应给自己派助手，就相当于变相给自己晋升，自己的工作也有人可以分担了；如果不答应，老总也不好把新任务硬塞给自己了。

果然，老总再也没提过加派新任务的事，还破天荒地经常跑来关心安娜的工作进展，并叮嘱她有困难就提出来，别累坏了身体等等。

当领导把砖头一块块地往你身上叠加时，并不是不知道砖头的重量，但是他知道把工作加给一个不懂拒绝的人是件再省心不过的事。

你不要因此就梦想你理所当然比别人薪水更高或升迁更快。

　　有的时候，你并不需要大张旗鼓地拒绝领导，只需要摆出自己的难处，领导就不会觉得你的拒绝很过分。要拒绝领导，就必须告诉他你在时间或精力上的困难，让他明白你既不是傻瓜也不是超人。

2.不想加班，就必须找个恰当的理由

　　"世界上最痛苦的是什么？加班！比加班更痛苦的是什么？天天加班！比天天加班更痛苦的是什么？天天无偿加班！"这些关于加班的种种看似戏言和怨言的说法，在调侃之余，也真实地反映了职场中人的生活和工作现状，因为加班已经成为他们生活中的必要组成部分。

　　身在职场，加班是很多人最痛恨的一件事。面对领导要求的加班，做下属的就只能听之任之吗？是不是也可以找到合适的理由，既不得罪领导，又能够少受一点加班之苦呢？

　　小李结婚3周年的纪念日就在这个周五，可是当离下班还有10分钟时，小李收到了部门领导的通知："今天晚上留下来吃饭，约好了一位客户谈目前这个项目的事情。"顿时，小李不知所措。

　　小李肯定是不想错过自己如此重要的私人约会的，但是，他又不能得罪领导。他琢磨了一会儿，心想凭着自己几年来和领导的关系，再加上自己幽默风趣的性格，相信领导能够放他一马。于是小李通过微信和领导说："本人是公司著名的妻管严，地球人都知道，要不是为了她，俺哪敢和领导讲条件，再说俺要敢放俺那口子鸽子，俺可能会有生命危险。"等了一会儿，微信上传来了领导的回复："你不用加班了，这事我来做，你去陪你的爱人吧，代我向她问好！"

　　看到这句话，小李以最快的速度关掉电脑，拎起包飞奔出了办公室。

　　"适者生存，不适者淘汰"已成为很多打工人坚定不移的座右铭，也是上班族命运的真实写照。虽然如此，但每个人的生活中除了工作中的8个小时，还有亲情、友情、爱情需要时间去维护，若因为工作而将其他的统统放弃，实在是得不偿失。而要实现这一目标，就需要多学一些拒绝的技巧。小李的做法也许并不适合每一个人，但也不失为一种借鉴。其实，每个人在拒绝加班时都可以找到恰当的理由，让8小时以外的时间真正属于自己。

3. 巧借打电话，逃离酒桌应酬

　　当单位里有应酬时，领导总想把自己喜欢和信任的下属带去"陪酒"。得到领导的赏识是一件好事，但有时候确实不愿意去，你该怎么办？如果贸然拒绝了领导的好意，就很容易把领导得罪了。如何逃离酒桌应酬，又能让领导理解，这得用点"心计"。

　　小王是一家杂志社的采访部主任，本来谈广告业务的事和她没有什么关系，但多年的打拼让她成了"交际达人"，再加上大方、稳重的气质和漂亮的外貌，主编每当接待大客户时都会想到她，让她作陪。

　　但小王对这类应酬是很反感的，因为下班后她希望能多陪陪孩子和丈夫，享受家庭的幸福生活。几次应酬之后，小王觉得不能再这样下去了，必须想个方法逃离酒桌。当主编又一次要带小王去见客户的时候，小王并没有当面拒绝主编，而是爽快地答应了下来。

　　晚上，小王如约前往。酒桌上，小王看出这次的客户确实来头不小，而且对他们的杂志比较认可。陪客人的除了她和主编，还有杂志社的投资人以及广告部的主任。小王不知道自己的到来是否能起到一定的作用，但她还是不辱使命，施展着自己的交际才能。时间过去了大约半个小时，小王的电话响了起来，她离桌去接电话。一会儿，小王回来，焦急地和主编说，自己的好朋友谢菲打来电话，说她得了急性阑尾炎，而其家人又不在身边，需要她去照顾一下。主编和在座的各位一看到这种情况，就马上答应了，让小王赶紧去。

就这样，小王一边说着抱歉的话一边急匆匆地离开了。

出门后，她给好友发短信："终于逃离了，谢谢你哦。是你的'阑尾炎'救了我！"

相信很多人都有同感。那些特别注重家庭生活的都市白领，都希望自己能够和家人共进晚餐，享受其乐融融的家庭氛围，而不是去酒桌旁陪客户、陪领导。但在工作与家庭之间，在薪水与面子面前，他们往往不能按照自己的意愿行事，哪怕勉为其难也得将就着。不过，有些时候还是可以利用一些巧妙的方法，将那些自己不喜欢的应酬统统甩掉；如小王这样运用"救急"电话，也不失为一个好办法。

幽默拒绝很管用

用幽默的方法拒绝别人，既可以缓解紧张的气氛，又不会影响彼此的友谊。

玛丽抱怨她的丈夫说："你看邻居 W 先生，每次出门都要吻他的妻子，你就不能做到这一点吗？"丈夫说："当然可以，不过我目前跟 W 太太还不太熟。"

玛丽的本意是要她的丈夫在每次出门前吻自己，而丈夫却有意地曲解为让他吻 W 太太，委婉地表达了自己不愿意那样做的本意。

直接拒绝很容易伤害对方，甚至造成误解，破坏彼此间的情谊。但是，利用幽默，巧妙拒绝，却能使很多问题迎刃而解。

在工作当中，如果不懂得拒绝的技巧，往往会吃亏上当。下面的例子很有借鉴意义。

大个子瑞克是一位被公司冷落的老主任。有一天，某部门经理拍着他的肩膀说："瑞克，你看是不是要早日把你的职位让给年轻人！"

"好啊！就这么办！"

"啊！你愿意？"

"是啊！不过俗话说，'鸟去不浊池'，所以我有一个请求，希望能让我把正在进行的工作彻底做好再走。"

"哦！这是理所当然的。不过，你那个工作预计什么时候可以完成呢？"

"我想，大概还要10年。"

在拒绝别人时，采用幽默的方式不但不会伤害到对方，而且还可以避免不必要的尴尬。

拒绝的话要合情合理

如何拒绝别人是一门艺术，这门艺术的关键点就在于拒绝别人的话要怎么说才能让人觉得合情合理，进而让人更容易接受。

人的一生就是在不断地接受和拒绝中度过的。如果拒绝未采用合适的方法和相应的技巧就容易伤害对方，引发怨恨和不满，从而导致人际关系的破裂，让自己陷入非常被动的境地之中；即便没闹到很严重的地步，因被拒绝而引起的不满也会使对方耿耿于怀。

"我实在没有钱借给你，否则，我就不必如此拼命了""我们非亲非故的，凭什么要帮你"……在收到这样的拒绝后，你会有怎样的反应呢？

有时，对方与我们反目成仇，并非由于我们拒绝了他，而是我们拒绝的语言和方式伤害了他。那么我们要如何拒绝呢？

1.借口要实在

小李24岁，才貌双全，大学毕业后被分配到一家公司工作。不料，她的顶头上司——部门经理对她一见倾心，对她发起了猛烈攻势。小李怕直接回绝会伤了他的自尊，给自己以后的工作带来不便。考虑再三后小李决定实话实说，于是彬彬有礼地告诉经理："我已另有所爱，只是男友暂时在外地工作。"如此一来经理在"恨不相逢未嫁时"的深深遗憾中打消了自己的念头，改以平常心对待小李了。

2.借口要合情合理

小林陪女友逛商店，女友在某时装店看中了一件风衣，价格不菲。小林觉得这件衣服很普通，不值这个价；但是在女友面前不便说，否则女友会认为自己是个小气鬼，两人免不了要闹一阵子情绪。只见小林鼓动女友试衣，左看右看后对女友说："很合身，但我觉得你穿上它气质不如从前了。主要是款式太新潮，不适合你的职业特点，倒更像是较前卫的女孩穿的。"女友一听此话，忙不迭地脱下风衣，拉着小林离开了商店。

小林巧用衣服与气质的关系，让女友主动放弃了自己中意的风衣，达到了自己的目的。

先承后转避直接

有时对方提出的要求有一定的合理性，但因条件的限制又无法予以满足。在这种情况下，拒绝的言辞可采用"先肯定后否定"的形式，使其精神上得到一些满足，以减少因拒绝而产生的不快和失望。例如，一家公司的经理对一家工厂的厂长说："我们两家搞联营，你看怎么样？"厂长回答："这个设想很不错，只是目前条件还不够成熟。"这样既拒绝了对方，又给自己留了后路。

对对方的请求最好避免一开口就说"不行"，而是要表示理解、同情，然后再据实陈述无法接受的理由，获得对方的理解，从而自动放弃请求。

李刚和王静是大学同学，李刚这几年做生意虽说挣了些钱，但也有不少的外债。两人毕业后一直无来往。忽然有一天，王静向李刚提出借钱的请求，李刚很犯难：借吧，怕担风险；不借吧，同学一回，又不好拒绝。思忖再三，最后李刚说："你在困难时找到我，是信任我，瞧得起我，但不巧的是我刚刚买了房子，手头一时没有积蓄，你先等几天，等我过几天账结回来，一定借给你。"

先扬后抑这种方法也可以说成是一种"先承后转"的方法，这也是一种避免正面表述，间接拒绝他人的方法。先用肯定的口气去赞赏别人的想法和要求，然后再来表达你无奈拒绝的原因，这样就不会伤害对方的感情和积极性了，而且还能够使对方更容易接受你，同时也为自己留下一条退路。一般情况来说，你还可以采用下面一些话来表达你的意见，"这真的是一个好主意，只可惜由于……我们不能马上采用它，等情况好了再说吧""这个主意太好了，但是如果只从眼下的这些条件来看，我们必须要放弃它，我想我们以后肯定是能够用到它的""我知道你是一个体谅朋友的人，你如果对我不十分信任，认为我没有能力做好这件事，那么你是不会找我的，但是我实在忙不过来了，下次如果有什么事情我一定会尽我的全力来支持你"，等等。

有的时候对方可能出于急于办成某事而相求，但是你确实又没有时间，没有办法帮助他。这时，一定要考虑到对方的实际情况和他当时的心情，避免使对方恼羞成怒，以免造成误会。

拒绝还可以先从感情上表示同情，然后再表明无能为力。

搬起他的石头砸他的脚

拒绝对方的最有力武器，往往是对方自身。

在交际过程中，当自己处于不利态势时，为了寻找转机，加强己方的立场，也需要找借口拒绝对方。这时，如果你能灵活机智地用对方的话来拒绝对方，就能使对方不再坚持，从而达到自己拒绝对方的目的。

有一次，萧伯纳的脊椎骨受伤，需从脚上取一块骨头来补脊椎的缺损。手术做完后，医生想多捞一点手术费，便说：

"萧伯纳先生，这是我们从来没有做过的新手术啊！"

萧伯纳当然听出了医生的言外之意，但向病人收取额外的手术费，显然是不合规定的，萧伯纳不愿意再给医生"塞红包"，但又不便明确拒绝，便装傻充愣地顺着另一层意思说下去：

"这好极了！请问你们打算支付我多少试验费呢？"

医生顿时窘住了，只好讪讪离开。

萧伯纳的思维是：既然你要强调这是从来没有做过的新手术，那我的身体便变成试验品了！萧伯纳从对方的话里引出了一个合乎逻辑的相反结论，巧踢"回传球"，让对方哑巴吃黄连——有苦说不出。

有很多的问题，我们还可以巧妙地把对方设置在同样的情景，以此来引诱对方做出他的判断，从而让对方明白自己的处境或意思，巧妙地拒绝对方的要求。

在历史上就有一个这样的例子。

有一次，一个人问艾森豪威尔将军一个有关军事机密的问题，艾森豪威尔将军对他耳语道："这是一个机密问题，你能替我保密吗？"于是那个人连忙说道："我一定能！"艾森豪威尔将军则回答道："那我同样也能！"

这样的例子在我们的日常生活中也屡见不鲜。

小李从一个朋友那里借了一台照相机，他一边走一边摆弄着，这时刚好小赵迎面走来了。他知道小赵有个毛病：见了熟人有好玩的东西，非得借去玩几天不可。这次看见他手中的照相机又要非借不可了。尽管小李百般说明情况，小赵依然不肯放过。小李灵机一动，故作姿态地说："好吧，我可以借给你，不过我要你不要借给别人，你做得到吗？"小赵一听有戏，连忙说："当然，当然，我一定做到。"小李又问："绝不失信？"小赵说："失信还能叫人？"小李斩钉截铁地说："我也不能失信，因为我也答应过别人，这个照相机绝不外借。"听到这话，小赵目瞪口呆，只好作罢。

通过设问，抛砖引玉，以对方的回答来作为拒绝依据，使对方就此作罢。因为人不可以出尔反尔，自我推翻。

小陈是小杨的一个好朋友。有一天，小陈来到小杨的单位，找小杨帮他一件事，为他的未婚妻报仇。原来小陈的未婚妻被车间主任欺侮了，小陈发誓要为未婚妻报仇，而且还买了一把锋利的弹簧刀，想杀掉那个车间主任，但考虑到车间主任人高马大，自己一个人对付不了他，于是就想请小杨帮忙。小杨听后，心中很明白，尽管那个车间主任不是好东西，应该教训教训他，但如果感情用事，弄出人命，那可是犯罪。因此，小杨决定拒绝小陈，也不能让他办错事。他问小陈：

"你爱你的未婚妻吗？"

"爱，当然爱，如果不爱我才不管这事呢。"小陈回答说。

"这就好，爱一个人不容易，真正爱一个人，是不管她遇上多么大的不幸，都会永远爱她，在她遇到不幸时还要帮她解脱出来。如果你将主任杀了，只是感情用事，并不是爱她，这是在伤害她，使她更伤心。她也不会为此而感谢你，相反会恨你。坏人总是要受到惩处的，这要靠法律。车间主任的行为是犯法的。这样吧，我帮你和你的未婚妻运用法律的手段来惩处车间主任吧，我相信，法律会给你们一个满意的答复的。"

小陈听了小杨的一番话，放弃了冲动的想法，最终走法律渠道惩处了那位车间主任。而小陈也非常感谢小杨对他的帮助。

小杨先得到一个肯定的答案：小陈爱自己的未婚妻。既然是爱，那就应该采取一种正确的态度和方式来帮她讨回公道。小杨透彻地阐释了什么才是真正的爱，如果小陈还不放弃报仇的想法，那就说明他并不爱自己的未婚妻。如此，小杨成功地化解了一场可能发生的悲剧。

沉默迂回真高明

明智的拒绝法有两种，一种是装聋作哑，沉默不语；另一种则是答非所问，模糊应对。这两种方式都是大智若愚的体现。

对于一些不合理的、无法做到的要求，或自己不愿意允诺的要求，本来是应该拒绝的，但由于人情关系、利害关系等，让人很难说出一个"不"字。

这时，你可以用沉默来表示拒绝。狭义的沉默就是徐庶进曹营一言不发，即缄口不语。广义的沉默则是不通过言语，而是综合运用目光、神态、表情、动作等各种因素，或明了或隐晦地表达自己的思想感情，这是沟通艺术中最常见的拒绝手段。

在处理问题时，沉默具有丰富的内涵，作用也十分明显。

避免冲突升级。当人们被拒绝时难免会产生不良的情绪，甚至会与拒绝人产生激烈冲突。当一方怒火冲天，出言不逊时，另一方应保持沉默，即使有理也暂时不争，以免火上浇油，使冲突进一步升级。这样既维护了对方的尊严，又避免了矛盾激化，还为进一步向对方陈述自己的观点留了余地，而且可以显示出你的豁达大度和良好修养。有时，面对一些难处理的问题，如果保持沉默，并伴以严厉的目光、严肃的神情，就可能会产生一种威慑作用，使对方迅速警醒，从而很快明白自己的要求不够合理。

用作暗示性表态。沉默在有时候是模糊语言，不置可否，但在特定的背景下，其实就是明确表态。如果对方提出一种意见或处理办法，而你却不敢苟同，但出于平衡关系考虑，你又不能明确反对，这时的沉默看似不偏不倚，但聪明人却可意会，知道自己的要求令你为难，十有八九办不成，知道你的沉默就是不同意、不支持。此时彼此心照不宣，也不用固执己见，伤了和气。

在有的场合，对对方的提问不管做出怎样的回答，都于己不利，这时不妨佯装没有听见，没有看到，不做任何表示，也是一种行之有效的方法。

1953年6月，79岁的英国首相丘吉尔到百慕大参加英、法、美三国会谈。他以自己年事已高为借口，时常装聋——在需要回避的问题上就装作没有听见，不予回答；在感兴趣的问题上就与美国总统艾森豪威尔和法国外交总长皮杜尔讨价还价——使与会者颇感头痛。艾森豪威尔幽默地说："装聋成了这位首相的一种新的防卫武器。"

然而有的时候采取答非所问的做法，比只是沉默来得更有效。

有这样一个例子：

一位名叫宫一郎的青年去拜访广源先生，想将一块地卖给他。

广源听完宫一郎的陈述后，并没有做出"买"或者"不买"的直接回答，而是在桌子上拿起一些类似纤维的东西给宫一郎看，并说："你知道这是什么东西吗？"

"不知道。"宫一郎回答。

"这是一种新发现的材料，我想用它来做一种汽车的外壳。"广源详详细细地向宫一郎讲述了一遍。他谈论了这种新型汽车制造材料的来历和好处，又诚诚恳恳地讲了他明年的汽车生产计划。广源谈的这些内容宫一郎一点儿也听不懂，但广源的情绪感染了宫一郎，他感到十分愉快。广源在送别宫一郎时顺便说了一句：不想买那块地。

广源的高明之处在于他没有一开始就回绝宫一郎。如果那样，宫一郎就一定会滔滔不绝地劝说他买那块地。广源采取了答非所问的做法，装作没有听见宫一郎说的事情，把话题引到其他地方，没有给他劝说的时间，在结束谈话时才拒绝。这不失为拒绝他人的好方法。

最后还要说到一种拒绝方法——将问题丢给时间。当无论如何也无法拒绝对方的时候，你就先接受他的要求，然后再假装忘记。

"对不起，我忘得一干二净了！"

"你叫过我帮你什么吗？"

这一招只要一句"忘了"就能轻松搞定一切，因此我们常会用上它。然而，虽然它用法简单，但如果仔细想想，这招实在不值得推荐。这招容易使对方不悦，甚至会让你被别人视作"随随便便、马马虎虎"的人。再说，别人会请你帮忙做的事，多半都是非做不可的事，因此在他对你死心，转而去找其他人帮忙之前，要"一直"忘记，似乎也不太容易。

不过，不管是真忘还是假忘，在公司里像这种"忘记委托"的人，其实还真不少。

还是回归前面的迂回之道，那才是我们在社交中所需要的为人处世之法。

找一个人代替

有一次，约翰的一位好朋友的孩子——4岁的毛毛，一手拿苹果，一手拿橘子，跑到约翰面前炫耀。约翰故意逗他说："毛毛，伯伯的嘴好馋。你看，你是愿意把苹果给伯伯吃呢，还是愿意把橘子给伯伯吃？"毛毛听了约翰的话，很快就出人意料地回答："伯伯你快去，妈妈那里还有！"啊，这小家伙的回答真是绝了！毛毛没有直截了当地拒绝，但让人无法从他那里捞到一点油水，因为他想到了一个替代方案来拒绝人。这个例子，显示了替代方案的妙用。他没有正面表示拒绝，你也没有得到任何东西，彼此既不伤和气，也不会丢什么面子。

这种方法就叫"替代法"，是以"我办不到，你去拜托某某比较好"的说法，来转移给他人的做法。工作中常常会有人来请你帮忙，而你又因为种种原因不想插手，你应该怎么拒绝呢？

"我对电脑没办法，不过小王对电脑很熟，你去拜托他看看怎么样？"

"我对计算工作最头大了，小芸好像是有会计证的，她应该做得来！"

像这样搬出一位在这方面能力比自己强的人，然后要对方去拜托他就行了。当然，只有在大家都知道那个人的确比较胜任时才能用这招。

"找人替代"，不仅可以拿"能力"来说事儿，还可以找其他的由头，如"我如果要做这件事，恐怕要花掉不少时间。小范好像说他今天的工作量不怎么多。"

这种"找人代替"的拒绝法有一个问题——可能会招致那个被你"转嫁"的人的不满。想拜托你的人一定会对他说："是某某说请你帮忙比较好！"对方就会知道是你干的好事。这么一来，那个人心里一定会想："可恶的家伙，竟然把麻烦的事推给我！"需要帮忙的工作内容越是难处理，惹来埋怨的可能性就愈高。所以，最好在多数人都知道"某某事情是某某最擅长的"背景下用此招。

当然，这一招不仅仅可以用在工作中，还能用在日常生活中。假如你抽不开身，就实事求是地讲清自己的困难，同时热心介绍能更好地为之提供帮助的人。这样，对方不仅不会因为你的拒绝而失望、生气，反而会对你的关心、帮助表示感谢。

第十章

有理也要让三分，人人希望有台阶下

体贴别人，给对方台阶下

李女士想买双鞋，但一个下午都没挑到满意的，批评意见倒提了不少。

最后，李女士干脆请售货员找来老板，当着许多顾客的面滔滔不绝地说了一些如"这双鞋的后跟太高了""我不喜欢这种皮料""你们的服务态度真不好，我选了一下午的鞋子，居然没有一个人过来帮我出点主意"之类的牢骚话。

那位老板就像一名听话的小学生一样，一直站在旁边听她发表"高论"，一声都没有吭。直到李女士说完，老板才缓缓地说："对不起，请你等一会儿。"然后便走到鞋架旁，拿出一双鞋摆在李女士面前说："我想这双鞋最能衬托你的气质。"

李女士半信半疑地将鞋穿上，结果不但大小合适，而且颜色、样式都令她十分满意。

于是李女士满意地说："这双鞋好像是专门为我定做的一样。"最后高高兴兴地付账离开。

做生意，商家都知道要秉持"顾客至上"的信条。一般而言，无论顾客说什么，你都不要轻易反驳，除非顾客有侮辱你人格的地方，否则你就应该像那位鞋店老板一样听她说完，然后再发表你的意见。这位鞋店老板十分懂得顾客的这种心理，也知道用什么话"攻"她的心。

因此，遇到这类特别挑剔或专门找麻烦的人，不妨学着鞋店老板"顺水推舟"，而不要发脾气或敷衍应付。

一位来宾吃完最后一道菜，顺手把制作精美的景泰蓝食筷"插入"了自己的口袋。

一位服务员看到了他的举动，但她并没有当场给顾客难堪，而是不露声色地迎上去，双手捧着一只用于盛放景泰蓝食筷的绸面小匣说："先生，我发现您在用餐时，对景泰蓝食筷颇为喜爱。非常感谢您对这种传统工艺品的赏识，为了表达我们的感谢之情，经经理同意，您可以把这双图案最精美的景泰蓝食筷留作纪念，我按优惠价记在您的账上，您看好吗？"

善于交际的人在交谈中懂得给别人留情面，有时候还会巧装糊涂，给对方一个台阶下。因为他们知道，含蓄的言语比犀利的话语更能打动对方的心，从而让对方"软化"。

切忌跟人发生正面冲突

第二次世界大战结束后的一天晚上，戴尔·卡耐基在伦敦得到了一个极有价值的教训。当时他是罗斯·史密斯爵士的私人经纪。"二战"期间，史密斯爵士曾任澳大利亚空军战斗机飞行员，被派往巴勒斯坦工作。欧战胜利缔结和约后不久，他以"30天旅行半个地球"的壮举震惊了全世界。澳大利亚政府颁发给他50万美元奖金，英国国王授予了他爵位。有一天晚上，卡耐基参加了特为史密斯爵士举行的宴会。宴席上，坐在卡耐基右边的一位先生讲了一段幽默故事，并引出了一句话，意思是"谋事在人，成事在天"。他说那句话出自《圣经》，但他错了。卡耐基知道，并且很肯定地知道出处，他立刻很讨嫌地纠正道："什么？出自莎士比亚？不可能，绝对不可能！这句话出自《圣经》。"

那位先生坐在戴尔·卡耐基右首，他的老朋友弗兰克·格蒙在卡耐基左首，他研究莎士比亚的著作已有多年。于是，卡耐基和那位先生都同意向他请教。格蒙听了，在桌下踢了卡耐基一下，然后说："戴尔，这位先生没说错，《圣经》里有这句话。"

那晚回家路上，卡耐基对格蒙说："弗兰克，你明明知道那句话出自莎士比亚。""是的，当然，"他回答，"哈姆雷特第五幕第二场。可是亲爱的戴尔，我们是宴会上的客人，为什么要证明他错了？那样会使他喜欢你吗？为什么不给他留点面子？他并没问你的意见啊！他不需要你的意见，为什么要跟他抬杠？应该永远避免与人正面冲突。"

卡耐基曾经说："很多时候你赢不了争论。要是输了，当然你就输了；如果赢了，还是输了。"在正面争论中，并不产生胜者，所有人在正面争论中都只能充当失败者，无论他（她）愿意与否。因为，十之八九，争论的结果都只会使双方比以前更加相信自己绝对正确；或者，即使发现了自己的错误，也绝不会在对手跟前俯首认输。在这里，心服与口服没法达到应有的统一。人的固执、自尊，会将双方越拉越远，甚至因一场毫无必要的争论造成双方可怕的对立。所以，天底下能让人在争论中获胜的方式只有一种，就是避免争论。

口头冲突除了浪费时间、影响感情外，其实也很难争出个输赢来。因为越到最后，双方的理智因素就会越少，成了每人一套理论，各说各的，谁也说服不了谁。与其这样，还不如避免口头上的正面冲突，各做各的事去，不在这上面浪费时间和感情。

给人面子，不要咄咄逼人

与人交往，要懂得给人留情面，即使自己有理，也不要咄咄逼人。

失败的人常犯的毛病是：自以为是，逮到机会就大发宏论，把别人批评得脸一阵红一阵白，自己则大呼痛快。其实，这样做最终会让自己吃苦头。事实上，给人面子并不难。尤其是一些无关紧要的事，你更要学会给人面子。

宋朝宰相韩琦在带兵期间，有一天晚上批阅公文到夜深，眼看蜡烛要燃尽了，便让侍卫再点一只。也许这侍卫因乏之下，有些大意了，将新点好的蜡烛碰到了韩琦的头，将韩琦的头发烧掉一绺。韩琦只是摸了摸头发，一言未发，继续批阅公文。过了一会，他抬头一看发现侍卫换了人，才意识到刚才那个侍卫已被卫队长责罚了。他忙走出去，对卫队长说："他已经知道怎样拿蜡烛了，不要惩罚他。"还好言安慰那名侍卫。

还有一次，韩琦宴请下级官吏，并拿出一对玉杯请大家欣赏。这对玉杯价值连城，韩琦十分珍视。不料，一位下级官员喝醉了，不小心将一只玉杯碰落在地摔碎了。这位官员吓得酒都醒了，跪在地上连称"死罪"。谁知，韩琦只是淡淡地说："大凡宝物，该有它时它就来了，不该有它时它就走了。天数如此，这不是你的错。"经此一事，朝中上下无不传颂韩琦的度量。

与人交往，一定要学会照顾别人的情面，千万不要咄咄逼人，否则只会让人厌恶，让人产生刻薄的印象。没有人愿意跟刻薄的人交往。

不要一味地指责别人

有很多人在说话时，经常只顾自己痛快，过后才发现不小心伤了别人的心。尤其是当别人做了错事，或自己因此而吃了亏，就更觉得自己受了委屈而要说出来图个痛快，于是一些难听的话就不自觉地冒了出来，结果是痛快了一时而伤了和气。自己的形象也因这一时的冲动而毁于一旦。

也许有人认为：下级犯了错误，作为领导应该严厉地训斥才能有效，其实，婉转地予以指正会收到很好的效果。

西雅图波音公司的一个部门经理有一次大发雷霆，原来他看到了一份报告上有一个错别字，那是个拼写错误，有人把"believe（相信）"写成了"beleive"。

这位经理精明能干，但是性情急躁，眼睛里容不得任何一个小错误。于是他叫来了那个写错字的工程师。

整个走廊里都听得见部门经理的声音："你这个混蛋连这种错误都要犯，你到底读过书没有？'e'怎么可能在'i'的前面，记住，'i'永远在'e'的前面。"

可是，没过几天，那位经理又发现了同样的拼写错误，而且出自同一人之手。

这次，经理被彻底地激怒了，他叫来了那个"屡教不改"的工程师，怒不可遏地冲他咆哮道："你耳朵长在头上了吗？为什么我说了你不听？"

那工程师很平静，说道："你不是说'i'永远在'e'之前吗？"

经理说："看来你是明知故犯了。"

工程师二话没说，随手从桌上拿起一份文件，把上面的"Boeing（波音）"字样一笔勾去，写成了"Boieng"。

可见，在工作中，不要给人留下一副尖酸刻薄、一味指责别人的形象，那不仅无助于问题的解决，更可能阻碍事情向好的方向发展。当你几乎控制不住想要批评某人时，有一种方法可以让你的心绪快速平静下来，使你重新思考究竟应该怎么做，即在你批评他人之前，先想想："我做得怎么样？是否应该完全怪罪他人？"这样想过之后或许你会完全改变自己的想法和行为。让我们来看看成功学大师卡耐基是怎么做的。

卡耐基的侄女乔瑟芬·卡耐基在19岁高中刚毕业的时候来到纽约担任卡耐基的秘书。"她当时没有任何做事的经验，"卡耐基回忆说，"在刚开始的时候，她十分敏感脆弱。有一次我正准备指责她，但马上对自己说：'等一下，戴尔·卡耐基，等一下。你几乎有乔瑟芬两倍的年纪，做事经验更是多出好几倍，怎么可以要求她能有你的认知、判断和主动的精神——何况你自己并不十分出色！还有，戴尔，你在19岁的时候是什么德行？记得你像蠢驴一样犯下的错误吗？记得你做过这些……还有那些……吗？'"

"一想到这里，我不得不老实地下个结论：乔瑟芬19岁时比我19岁时要好得多——而实在惭愧得很，我没有称赞过她。"

"于是，一遇到乔瑟芬犯错误，我总是这样说：'乔瑟芬，你犯下了一项错误。但是，老天知道，我以前也常常如此。判断力并非生来具备，那全得靠自己的经验，何况我在你这个年纪的时候还比不上你呢。我实在没有资格批评你或别人，但是，依我的经验，假如你……做的话，不是好些吗？'"

后来，年轻的乔瑟芬成为卡耐基最出色的秘书之一。

只懂得批评别人而不懂得宽容别人的人，是不会巧妙地指出别人的错误的。其实，在某些时候，宽容比批评更有效，更能让人保住面子，也更能激发人的积极性。

迪利斯通是加拿大的一位工程师，他发现秘书在口授的信件中有拼写错误，几乎每一页都要错上两三个字。那么他是如何让秘书改正这一错误的呢？他说："就像许多工程师一样，别人并不以为我的英文或拼写有多好。我有个维持了好几年的习惯，就是常常随身带着一本小笔记簿，上面记下了我常拼错的字。我虽然常常指正秘书所犯的错误，但她还是我行我素，一点儿也没有改进的意思。我决定改变方式，等第二次发现她拼错时，我坐到打字机旁，告诉她说：'这字看起来似乎不像，也是我常拼错的许多字之一，幸好我随身带有拼写簿（我打开拼写簿，翻到所要的那页）。哦，就在这里。我现在对拼写十分注意，因为别人常常以此来评判我们，而且拼错字也显得我们不够内行。'"

"我不知道后来她有没有采用我的方法。但很显然，在那次谈话之后，她就很少拼错字了。"

宽容能维护别人的尊严，促使别人自重自爱，因而乐于纠正错误，使自己更加优秀；无礼的命令只会导致长久的怨恨，即使这个命令可以用来改正他人明显的错误。

有个学生把车子停在了不该停的地方，因而挡住了别人的通道。有个老师冲进教室很不客气地问："是谁的车子挡住了通道？"等汽车主人回答之后，这位教师严厉地说道："马上把车子移开，否则我叫人把车拖走。"

这个学生犯了错，车子是不该停在那里。但是，从那天开始，不只那个学生对老师心存不满，甚至别的学生也常常故意捣蛋，给那位老师添堵。

如果这位老师用不同的方式来处理这件事情，结果会如何？他可以好好地问："谁的车子挡住了通道？"然后建议这位学生移开车子，以方便别人进出。相信这个学生会乐意这么做，也不致引起其他学生的公愤。所以无论在工作还是生活中，当你遇到别人做的事不顺你意的时候，请先冷静思考一番，不要一味尖酸刻薄地指责别人，一旦成为人人嫌恶的讨厌鬼，你之后的工作和生活都很难顺心顺意。

宽容是一种智慧

忍让和宽容不是怯懦胆小，而是关怀体谅。忍让和宽容是给予，是奉献，是人生的一种智慧。一个人经历一次忍让，就会收获一抹人生的亮色；经历一次宽容，就会打开一道爱的大门。因此，人们常说：爱产生爱，恨产生恨。

我们都知道，有一些事情，忍一下就过去了，其实没有什么大不了的，它既不会损害你的自尊，相反还能提升你的人格魅力。但遗憾的是，人与人之间经常因为一些彼此都无法释怀的坚持，而造成永远的伤害和无法挽回的恶果。当静下心来的时候，就会懊悔自己当初何必要那样做。

现代社会竞争激烈，人与人之间难免有冲突，积怨过多招人恨，伤人过重结下仇。为人应宽大为怀；否则你对我耍阴谋，我就给你设陷阱，如此以毒攻毒、以恶对恶地冤冤相报，何时能有个了结呢？

如果你的行为让人们不喜欢，那你就危险了。因为这时原本和你毫无关系的他们会因为几句话就固化了你这个人的形象，虽然这可能是不正确的，但他们可能凭着对这种形象的负面评价来办事，让你面临非常不利的局面。

有这样一个例子：

一天在机场，一位旅客见到一位衣冠楚楚的商人在大声呵斥，责骂搬运员处理行李不当。商人骂得越凶，搬运员越显得若无其事。商人走后，这位旅客称赞搬运员有涵养。"噢，没关系，"他微笑着说，"你知道吗？那个人是到佛罗里达去的，可是他的行李嘛——将会运到密歇根去。"

和你共事的人——即使是下属——受了你的气，也难免会跟你捣蛋。

相反，只要你精于处事之道，那么犯了严重错误也没事。许多能力平庸的管理人员，都能安然度过公司的人事大变动。因为他们和人交往时，通情达理，对人宽容，讨人喜欢，一旦有错，支持他们的人总会帮他们补过。事实上，犯了一次错之后，如果老板知道他们以负责的态度处理这些错误，说不定他们的事业反而会更上一层楼。

宽容是建立人与人之间良好关系的法宝。一个拥有宽容美德的人，能够对那些在意见、习惯和信仰方面与你不同的人表示友好和接受。依靠这份宽容建立起来的形象，不仅对你的个人生活具有很大的价值，而且对你的事业有重要的推动意义。一个人展现一次宽容，就可能会打开一扇通向成功的大门。借助宽容的力量，你可以实现自己伟大的梦想，成就自己的事业。

　　罗杰是一个室内装潢产品工厂的老板。有一次，生产线上有一个工人喝得酩酊大醉后来上班，吐得到处都是。厂里立刻发生了骚动：一个工人跑过去拿走他的酒瓶，领班接着又把他护送出去。

　　罗杰在外面看到这个人昏昏沉沉地靠墙坐着，便把他扶进自己的汽车里送他回家。那个工人的妻子吓坏了，罗杰再三向她表示什么事都没有。"不，杰克不知道，"她说，"老板不允许工人在工作时喝醉酒。杰克要失业了，你看我们如何是好？"罗杰告诉她："我就是老板，杰克不会失业的。"

　　杰克的妻子张着嘴愣了半天。罗杰告诉她，自己会在工作中尽力辅导杰克，同时也希望她在家里好好照顾杰克，以便他在第二天早上能够照常上班。

　　回到工厂，罗杰就对杰克那一组的工人说："今天在这里发生的不愉快，你们要统统忘掉。杰克明天回来，请你们好好对待他。长期以来他一直是个好工人，我们最好再给他一次机会！"

　　杰克第二天果真上班了，他酗酒的坏习惯也从此改掉了。罗杰的宽容令杰克很感动，他一直记在心里。

　　3年后，地区工会派人到罗杰的工厂协商有关本地工人的各种合同时，居然提出一些不切实际的要求。这时，沉默寡言、脾气温和的杰克立刻领头号召同事反对。他开始努力奔走，并提醒所有的同事说："我们从罗杰那里获得的待遇向来很公平，用不着那些外来'和尚'告诉我们怎么做。"就这样，他们把那些外来"和尚"打发走了。罗杰用宽容树立起了一副好形象，赢得了工人的拥戴。

　　如果你想有所作为，获得成功，就要学会宽容，能够容忍、谅解别人的不同意见和错误；否则你永远不可能成为一个真正的成功者。试想你每天都在想着别人的一点过错，甚至心生怨恨，老想打击报复，那你还有精力发展自己的事业吗？无疑你也就离成功越来越远了。

诗人托马斯·查特顿年轻的时候因为直率的性格而历经坎坷，后来才变得善于处世，进而成了美国驻法大使。他的成功秘诀是："我不批评人，我只夸奖人。"

一次，著名试飞驾驶员鲍勃·胡佛驾驶的飞机在数千米的高空完成试飞任务时，两个引擎同时出现故障，幸亏他经验丰富，反应灵敏，控制得当，飞机才得以安全降落。

在惊魂稍定后，胡佛开始检查飞机用油。原来那架螺旋桨飞机装的竟然是另一种型号的飞机用油。于是，胡佛约见了那位负责维护飞机的机械师。懊恼不已的年轻机械师在胡佛面前羞愧难当，泪流满面。刚刚从鬼门关走了一遭的胡佛并没有责备这个年轻的机械师，只是伸出手臂，揽住他的肩膀说："我相信你不会再犯错，我的F-51飞机明天还请你维护。"机械师对胡佛宽恕了自己的失误十分感激，在以后的飞机维护中，他十分尽心，再也没有出过一次差错，成了胡佛最得力的助手。

当别人犯错时，尽量站在他人的角度上思考一下，少一点呵斥和责骂，多一些宽恕！试着去理解人们为什么要这样做，因为这比批评更有益，也更有趣。什么都理解，就什么都会宽恕。

当遇到与你不一致的观点、做法时，首先你要想想其合理的地方，对方为什么会这样想、这样做。然后，你再把你的做法与他们的做法进行比较。你可以试着与不同风格、不同背景、不同思想的人做朋友，多观察他们的做法，要善于采纳新的观点，这样你才能学会宽容。

林肯曾用宽容和爱的力量在历史上写下了永垂不朽的一页。当林肯参选总统时，他的强敌斯坦顿因为某些原因憎恨他。斯坦顿想尽办法在公众面前侮辱他，毫不保留地攻击他的外表，故意制造事端来为难他。尽管如此，后来林肯当选美国总统时，须找几个人当他的内阁与他一同谋划国家大事，其中必须选一位最重要的参谋总长，他不选别人，却选了斯坦顿。

当消息传出时，一片哗然，街头巷尾议论纷纷。有人对林肯说："恐怕您选错人了吧！您不知道他从前如何诽谤您吗？他一定会扯您的后腿，您要三思而后行啊！"林肯不为所动，他回答说："我认识斯坦顿，我也知道他从前对我的批评，但为了国家前途，我认为他最适合这职务。"果然，斯坦顿为国家以及林肯做了不少的事。

过了几年，当林肯被暗杀后，许多赞颂的话语都在形容这位伟人，其中，要算斯坦顿的话最有分量了。他说："林肯是世人中最值得敬佩的人，他的名字将留传万世。"

宽容不仅需要"海量"，而且更是一种修养促成的智慧。事实上，只有那些胸襟开阔的人才会自然而然地运用宽容，因为当你对别人宽大之时，同时也是对你自己宽大。

生活中的不平、坎坷、误解、私怨、纠纷……一波又一波接踵而来，莫不令人心烦意乱。面对这些，你将如何呢？有一位哲人在面对弟子"如何摆脱烦恼"的问题时，干脆地回答："宽容。"事实正是如此，生活中有不少烦恼之事，正是缺少"宽容"而造成的，有时甚至因为不能宽容他人而酿成悲剧。

如果你不想毁掉自己的形象，并且想事业有成、生活顺利，请想想宽容的力量吧！

宽容别人就是宽容自己

一位哲人说："人能成全他人，也能毁弃他人；互相帮助能使人奋发向上，互相抱怨会使人退步不前。"工作中同事之间有了不同意见，应以商量的口气婉转地提出自己的看法，尽量避免那些生硬的、伤害他人自尊心的言辞。如果遇到不合作的同事，则要表现出你的宽容和修养。学会耐心倾听对方的意见，并对其合理成分表示赞同，这样不仅能使不合作者放弃"对抗状态"，也会开拓自己的思路。

某同事得罪过你，或你曾得罪过某同事，虽说不上反目成仇，但心里确实不愉快。如果你觉得有必要，可主动去化解僵局，或许你们会因此而成为好朋友，或许只是关系不再那么僵而已，但至少减少了一个潜在的对手。这一点相当难做到，因为大多数人就是拉不下脸来！要允许别人犯错误，也允许别人改正错误。不要因为某同事有过失，便心生不满，或一棍子打死，或从此另眼看待对方，"一过定终身"。

小张和小杨合作完成一项工程。工程结束后，小张有新任务出差，把总结和汇报的工作留给了小杨。正巧赶上小杨的孩子生病，小杨因为忙于给孩子看病，一时疏忽，把小张负责的工作中一个重要部分给弄错了。总结上报给主管以后，主管马上看出了其中的毛病，找来小杨。小杨怕担责任，就把责任推给了小张。因为工程重要，主管立刻把小张调回来。小张回来后，莫名其妙地挨了主管一顿训斥；仔细一问，这才明白了是怎么回事，赶快向主管解释，消除了误会。小杨平时与小张关系不错，出了这事后，心里很愧疚，又不好意思找小张道歉。小张了解到小杨的情况，主动找到小杨，对他说："小杨，过去的事就让它过去吧，别太在意了。"小杨十分感动，两人的关系又近了一层。

后来，小杨因为特殊机遇获得升迁，也没有忘记小张这位曾经宽容自己的好朋友。二人仍旧在事业上相互合作，彼此的信任让他们的配合十分默契。

同事所犯的错误有时候会给你带来一定的损害，或在某种程度上与你有关。在这种情况下，能否用一种宽容的态度对待这种"过"，就是衡量人的素质的一个标准。原谅别人是一种美德，有时尽管自己心里并不痛快，但却应该设身处地地为同事着想，考虑一下自己如果在他那个位置会如何做，做错了事之后又有何种想法。

其实只要你愿意做，你的风度会赢得对方对你的尊敬，因为你给足了他面子。

宽容大度是一种胸怀，为一点儿小事斤斤计较，争吵不休，既伤害了感情，也无益于成大事，甚至最后伤害的还是自己。

当无辜受到伤害或被人欺负时，大部分人都选择了憎恨。殊不知，憎恨本身对怀恨者的伤害比被仇恨者还要多。憎恨就是一把双刃剑，伤了别人的同时，也深深地伤了自己。

宽容是要付出痛苦代价的。在办公室中谁都会碰到个人利益受到他人侵害的事情。这时，你要闭紧自己的嘴巴，管住自己的大脑，勇于接受宽容的考验，当你生出了宽容和大度时，机会也就随之而来了。

适可而止，凡事都给自己留条退路。

常言道："做人留一线，日后好相见。"不管做什么事，都不能走向极端，堵住自己的退路。特别在权衡得失时，务必要做到见好就收。无论对待怎样的人和事都要怀着适可而止的心态，这是在社会交往中有效保护自己的最好方法。

　　许多人说话、做事都喜欢赶尽杀绝，不给别人留余地，批驳就要体无完肤，打击就要置于死地，以此来显示"本事"或者解心头之恨。其实，退一步想，冤家宜解不宜结，何必把原本很小的事弄得越来越大，让彼此之间的怨恨越结越深呢？人生不会尽是得意，也不会尽是失意，得意之时心存仁慈，多帮助他人，失意之时也要不卑不亢，不放弃希望和尊严，这才是健康的人生态度。如果身处得意之时，你就对别人大加挞伐，你有没有想过，日后这样的遭遇或许也会落在自己头上？所以说，说话办事时，眼光要放得长远一些，不要一时得势就骄横跋扈，不给自己留一点退路。

　　其实，很多事情都是相互的，你不给别人留一点余地，其实也把自己的退路截断了。所以，任何时候都要宽厚待人，做事适可而止，不要被一时的冲动蒙住了眼睛，做出令自己以后后悔的事情。

第十一章

会婉转，少尴尬

说好难说的话，从生活细节开始

要想尽量不置身于尴尬的境地，首先要做的就是注意那些容易出现尴尬的场合和时刻，最好能防患于未然。

说话要注意礼节，避免忌讳。礼貌是文明交谈的首要前提。在交谈中要体现出敬意、友善、得体的气度和风范。要做到礼貌交谈，首先就要使用礼貌用语，如"请""谢谢"等；其次要注意学习一些礼貌忌语，一语不慎造成的后果很可能是难以弥补的。

礼貌忌语是指不礼貌的语言，他人忌讳的语言，会使他人误解、不快的语言。不礼貌的语言，如粗话、脏话，是语言中的垃圾，必须坚决清除。他人忌讳的语言是指他人不愿听的语言，交谈中要注意避免使用。如谈到某人死了，可用"病故""走了"等委婉的语言来表达。

容易引起误解和不快的语言也要注意回避。在议论他人长相时，可把"肥胖"改说成"丰满"或"福相"，"瘦"则用"苗条"或"清秀"代之。参加婚礼时，应祝新婚夫妇白头偕老，避免说不吉利的话。在探望病人时，应说些宽慰的话，如"你的精神不错""你的气色比前几天好多了"，等等。

随着语言本身的发展，一些词汇的意义也发生了转移，譬如"小姐"等，在使用时要针对不同对象谨慎决定。还要注意，在日常生活中，遇到矛盾冲突时应冷静处理，不用指责的语言，应多用谅解的语言。

在交谈中，每说一句话之前都要考虑一下你要说的话是否合适，不要口无遮拦，想说什么就说什么，给其他人造成不快。

除非是亲密的朋友，否则最好不要对个人的卫生状况妄加评论。如果某人的肩膀上有很多头皮屑或口有异味，或者拉锁、纽扣没弄好，请尽量忍耐不去想，并等和他亲密一些的朋友告诉他。如果你直接提醒他，特别是在人比较多的场合，很容易让对方处于尴尬的境地。

许多人不喜欢别人问自己的年龄，尤其对女性而言，年龄是她们的秘密，不愿被人提及。对个人收入这类私人问题的询问通常也是不合适的。

切忌哪壶不开提哪壶。如"哎，你儿子的脚跛得越来越厉害了！""你怎么还没结婚？""你真的要离婚吗？"等，把一些别人内心秘而不宣的想法和隐私无情地暴露出来，实在是不够理智。

如果你想让人喜欢，就不要对跛子谈跳舞的好处和乐趣，不要对一个自立奋发的人谈祖荫的好处，不要无端嘲笑和讽刺别人的缺点，尤其是别人无能为力的缺陷，否则就是一种刻薄。此外，除非是熟识的亲友，不必多谈对方的健康问题，他若身有不适，很可能勾起他的愁绪，一旦他抱怨起自己的疾病和痛苦，你又未必会感兴趣，但你若没表露足够的同情心，则会使对方觉得你冷漠、自私。既然如此，何不谈些令人愉快的事呢？

一般说来，批评别人的话题应尽量避免，然而赞美别人所做的工作和本领却是很合宜的，常会使听者感到愉快。

有位姑娘谈恋爱遇挫，头回感情旅程就打了"回程票"，心里有点懊恼。这位姑娘性格内向，平时不善言谈，也没有向旁人袒露内心的秘密。单位里一个与她很要好的同事在办公室里看到她愁容不展，就当着众人的面说起安慰话："这个人有什么好，凭你这种条件，还怕找不到更好的？"没等她说完，这位姑娘就跑出办公室。这时她才感到在这样的地方说这样的安慰话有些不当，这位姑娘当然无法领情。几句安慰话倒成了令彼此尴尬的缘由。由此可见，即使说安慰话也要注重场合，同时充分考虑到对方的性格和习惯。

对性格内向的人，一般不宜在众人面前直接给予安慰；对不喜欢别人安慰的人，一般不要随意给予安慰。尤其是涉及别人隐私的问题，万万不可"好心办错事"，不宜在公开场合"走漏风声"。在说安慰话时，还要不同对象不同处置。

在语言交际中，我们经常会遇到一些令人尴尬的问话，比如涉及国家、组织的秘密，涉及个人收入、个人生活以及人际关系等问题。对待这样一些提问，如果我们用"不能告诉你"来回答，那会使你显得生硬无礼，如果套用外交用语"无可奉告"来作答，那又会给提问者造成心理上的失望与不快。总之，对待这样的问题，答得不好，就有可能给自己套上难解的绳索，使自己陷入十分难堪的泥淖，以致大失脸面。因此，与之相关的话题就要注意避免，以防止出现问题。

有些可以预见的难堪，应该设法去避免它的出现。某主管欲将一位不堪重用的职员调至 A 分公司，如果直接对他说："我要将你调到某分公司去。"则他的内心必定会有被放逐的感觉；但如果说："我本想派你到 A 分公司或 B 分公司，但我考虑的结果还是认为 A 分公司较为恰当，因为 B 分公司对你来说太远了，可能不太方便，所以还是麻烦你到 A 分公司去。"

这样一来对方就不会有被流放的感觉，他的心里只存在如何做选择的问题。

只要平时多注意如何预防尴尬，出现尴尬的概率就会小很多。

难言之隐，一喻了之

人总有难言之隐，不便与外人道，然而偏偏有人要苦苦逼问。在这种时候，巧用比喻，就能轻松化解尴尬的局面。有些比喻通俗易懂而又思想深刻，表情达意，恰到好处。

惠施在梁国当了宰相，庄子准备去会会他这位好朋友。有人急忙报告惠子说："庄子来这里，是想取代您的相位呀。"惠子很恐慌，便要阻止庄子，于是派人在国内搜了三天三夜。哪知道庄子从容而来拜见他说："南方有一种鸟，名字叫作鹓鶵，不知道您听说过吗？有只鹓鶵展翅而飞后，从南海飞向北海，非梧桐不栖，非竹实不食，非醴泉不饮。这时，有一只猫头鹰正在津津有味地吃着一只腐烂的老鼠，恰好鹓鶵从其头顶上飞过。猫头鹰急忙护住腐鼠，仰头视之道：'吓！'现在您也想用您的梁国来吓我吗？"

庄子视惠施的权贵如腐鼠，根本不把它放在眼里。要是直接说："你的荣华富贵我根本就看不上。"那难免会使双方都难堪。以一个比喻简单明了地表明自己的想法，淋漓酣畅，透彻明晰。庄子是一位非常善于利用比喻来说话的人。

一天，庄子正在垂钓。楚王派了两位大夫前来聘请他。见面后他们对庄子说："我们大王久闻先生贤名，欲以国事相累。深望先生欣然出山，上以为君王分忧，下以为黎民谋福。"庄子持竿不顾，淡然说道："我听说楚国有一只神龟，被杀死时已经有三千岁。楚王把它珍藏在竹箱里，盖上了锦缎，供奉在庙堂之上。请问二位大夫，此龟是宁愿死后留骨而贵，还是宁愿生时在泥水中潜行曳尾呢？"两位大夫均道："自然是愿活着在泥水中曳尾而行啦。"庄子说："那么，二位大夫请回去吧！我也愿在泥水中曳尾而行。"

两位大夫亲自来请，"不想去"这样的话肯定不好说出口，因此庄子以"宁为龟"来表示自己对自由的向往。

一天，庄子身着粗布补丁衣服、脚穿破鞋去拜访魏王。魏王见了他便问道："先生怎么会如此潦倒呢？"庄子说："是贫穷，不是潦倒。士有道德而不能体现，才是潦倒；衣破鞋烂，是贫穷，不是潦倒，此所谓生不逢时也！大王您难道没见过那腾跃的猿猴吗？如果在高大的楠木、樟树上，它们就会攀缘其枝而往来其上，逍遥自在，即使善射的后羿、逢蒙再世，也无可奈何。可要是在荆棘丛中，它们则只能危行侧视，怵惧而过了，这并非其筋骨变得僵硬不柔软、不灵活了，而是处势不便，未足以逞其能而已。现在我处在昏君奸相之间而欲不潦倒，怎么可能呢？"

对政治的不满，满腹的苦楚，能随意倾吐吗？不能。庄子又一次运用了一个美妙到无以复加的比喻来诠释自己的内心，可谓是譬喻高手。

在日常生活和工作中，经常需要处理人与人之间的关系。特别是在私企中，规章制度比较严格，老板觉得你不顺眼或者你偶尔工作不到位就有可能被解聘。虽然工作中许多问题是老板失误造成的，但责任却要算到你头上，这时你就要考虑怎么做一个周全的解释了。

很多时候会遇到正副职两位领导不和，到底听谁的？在这种情况下，如何保全自己呢？可以采用间接说理的方法，既能收到应有的效果，又会使当事人不至于太难堪。

小董在某外企打工，待遇等各方面都很不错，小董也非常精明能干。可有一件让人头疼的事，就是他的两个顶头上司不和，因此经常就同一件事情向小董发出不同的指令，弄得小董无所适从，当然也就影响到他的工作进度。有一天，小董接到两个上司相互矛盾的指令，因此没有按时完成任务。恰好碰到公司老总来视察，见状把小董批评了一番。小董并未向老总诉说冤屈，只是笑着说："我想问您一个问题，您和我的两位上司这'三驾马车'是不是朝着同一个方向行驶的呢？"老总说："那当然是。"小董又说："如果您手下的这'两驾马车'，分别朝着两个方向行驶，那您应该朝着哪个方向行驶呢？"老总听完这话，明白了其中的含义，看了看小董的两个上司，两个人顿时觉得很不好意思。小董巧借比喻摆脱了"两头为难"的境况，化解了自己的困境，以后工作起来自然顺利多了。

小卢在某汽车公司工作，他是有名的老好人，对别人有求必应，所以，他的上司们，不管是工长还是组长、车间主任，都把他支来支去。时间长了，他终于忍受不住了。一次，在经常支使他的上司都在的时候，小卢对他们说："请问各位领导，究竟你们是章鱼还是我是蜈蚣？"几位领导一听，不对，这分明是话里有话，于是就问："谁得罪你了？"小卢笑了笑说："这样吧，我给你们讲个笑话。有一条章鱼，它十分苦恼，不为别的，只为自己生了8条腿，于是它便请教蜈蚣：'老兄呀，你说你有这么多条腿，请问你是怎么安排它们的工作的？'蜈蚣笑道：'你真愚蠢，我从来就没有特意安排它们，只是任凭它们各司其职罢了。'请问几位领导，我们是不是应该向蜈蚣先生学习呢？"几位领导一听，嘴里不说，心里都明白是怎么回事了，于是再也不像过去那样对小卢指手画脚了。

巧妙地利用比喻，使用含沙射影的方法，给造成尴尬的人提个醒，既保留了他人的面子，又达到了自己的目的。

合理化解纠纷

人们在工作、生活中难免会发生这样那样的矛盾。当矛盾进一步激化时，作为第三方，站在一个特殊的位置上，你是左右为难的；袖手旁观，矛盾会更扩大，大家都不好相处。

调解他人的纠纷实在是个非常棘手的问题，如果处理不当的话，就很有可能在你的身边埋下一颗定时炸弹。因此，在调解他人的纠纷时一定要讲究技巧，遵循一定的原则。

首先，调解他人的纠纷时要考虑自己的角色，即你与他人之间的关系，摆正了这种关系才能正确地调解纠纷。

调解矛盾还可以采取一种方法：不对矛盾的双方进行批评、指责，相反，分别赞美争执的双方，肯定他们各自的价值，使他们感到再争执下去只会损害自己的形象，因而自觉放弃争吵。

星期天，小陈一家包饺子，婆婆擀饺子皮，小陈夫妻俩包。不一会儿，儿子从外面跑进来："我也要包。"

婆婆说："大刚乖，去洗了手再来。"

儿子没挪窝，在一旁蹭来蹭去。妻子叫："蹭什么！还不去洗手，弄得一身面粉，我看你今天要挨揍。"

"哇——"5岁的大刚竟哭起来。

"孩子还小，懂什么？这么凶，别吓着他！"婆婆心疼孙子了。

"都5岁了还不懂事。管孩子自有我的道理，护着他是害他！"

“谁护着他了，5岁的孩子能懂个啥，不能好好说吗？动不动就吓他！”

小陈一看，自己再不发话，“火”有越烧越旺之势，便说：“再说，今天这饺子可就要咸了哟！平日里，街坊、朋友都说我有福气，羡慕我有一个热情好客、通情达理的母亲，夸奖我有一位事业心强、心直口快的妻子，看你们这样，别人会笑话的，都是为孩子好。大刚还不快去让奶奶帮你洗洗手，叫奶奶不要生气了。”又转向妻子：“你看你，标准的‘美女形象’，嘴噘得都能挂10只桶了。生气可不利于美容呀！”妻子被他逗乐了。那边，母亲正在给孩子擦着身上的面粉，显然气也消了。

讲述纠纷双方可引以为豪的一面，唤起其内心的荣誉感，也可使其自觉放弃争吵。

在一辆公共汽车上，乘务员关车门时夹住了乘客，但自己还不认账。这时一青年打抱不平，对乘务员说：“你是干什么吃的！不爱干，回家抱孩子去！”乘务员也是“刀子嘴”，两人吵了起来。这时，车上有位老工人看看青年胸前的厂徽，想起了什么，挤了过去，拍拍青年的肩膀说：“小丁，你当‘机修大王’还不够，还想当个吵架大王吗？”青年说：“师傅，我可不认识你呀！”“我认识你，上次我去你们厂，你的照片在门口的光荣榜上，那大照片可神气呢！”小伙子一下红了脸。老工人说：“以后可不要再吵架了，这不是解决问题的办法嘛。”一场纠纷就这样平息了。

夫妻之间的争吵总是在发生，作为亲朋好友夹在其中，不能不说是一件尴尬难处的事，坐视不理是不可能的，这容易使双方积怨加深，妨碍家人的正常生活。降低争端本身的严重性，使一方或双方看淡争端，从而缓和情绪，平息风波，这才是解决问题的办法。

　　某厂一对新婚不久的夫妻因家庭小事闹矛盾，女方一气之下跑到娘家哭诉告状，说男方欺负她。哥哥听罢心想：妹妹结婚不久就遭妹夫欺负，日后还有好日子过？于是气愤地扬言要去教训妹夫。这时，父亲充当起"和事佬"来，他首先对儿子说："教训他？别冲动！教训他就能解决问题吗？再说，他家又不在厂里，一个人孤立无援的，你去教训他，旁人岂不要说闲话？好了，妹妹自己家里的小事，用不着你操心，还有我和你妈呢。你多管些自己的事吧。"

　　待儿子息怒离开后，父亲又劝慰女儿说："别哭了，又不是什么大不了的事。都结婚出嫁了，还要小孩子脾气，多丢人。小夫妻哪有不吵架的？我当初和你妈就常吵闹呢。不过，夫妻吵架不记仇，夫妻吵架不过夜。你不要想得太多，日后凡事要大度些，不要像在娘家那样娇气任性。好了，快点回去，不要让他到这里来找你，他是个不错的小伙子。家丑不可外扬，以后丁点儿小矛盾不要动不动就往娘家跑。"

　　女儿点头止泪，心平气和地回去了。

　　夫妻吵架本是平常的事，而当事人本身却认为事情很严重。因此，父亲在劝慰女儿的过程中始终强调夫妻闹别扭只是"丁点儿"小事情，促使女儿把争端看得淡一点。女儿在冷静思考之后，认同了父亲的看法，思想疏通了，气也自然消了。

　　生活中，家庭矛盾时有发生，夫妻之间难免出现磕磕碰碰、吵吵闹闹甚至大动干戈的事。夫妻吵嘴后，妻子往往回娘家诉苦。对此，娘家人劝架不能偏听偏信，让矛盾升级，应该劝双方多做自我批评，从而化解矛盾，让家庭回归和睦。

自我调侃帮你走出尴尬

若由于我们的过失，造成谈话中出现难堪，这时我们不要责怪他人，还是找找自己的责任，采用自我调侃的方式低调退出吧。

在一场老同学聚会上，因为大家都是学生时代的好朋友，所以尽管多年未见，但说起话来还是跟当年一样直来直去。有一位男同学打趣地问一位女同学说："听说你的先生是大老板，什么时候请我们到大酒店吃一顿？"他的话刚说完，这位女同学脸色大变。原来这位女同学的丈夫前不久因发生意外去世了，但这位开玩笑的男同学并不知道。旁边的一位同学暗示他不要说了，谁知这位男同学没能领会，还要说，旁边的那位同学只得告诉他真实的情况。这位男同学非常尴尬。不过他迅速回过神来，先是在自己脸上打了一下，之后调侃道："你看我这嘴，十多年过去了，还和当学生时一样没有把门的，不知高低深浅，只知道胡说八道。该打嘴！该打嘴！"女同学见状，虽有说不出的苦涩，但仍大度地原谅了老同学的唐突，苦笑着说："不知者不怪，事情过去很久了，现在不提它了。"男同学便忙转换话题，从尴尬中解脱出来。

当我们处于类似的难堪境地时，最好别死要面子活受罪，可以采用自我调侃的办法，真诚一点，像该例中的那位男同学一样，表达自己真诚的歉意，而对方也不会喋喋不休地责备我们，相反，还会因为我们的真诚一笑置之。

人一生中总会有当众失态的时候，此时我们不妨抢先一步对自己进行调侃，好过别人来嘲笑，使自己难堪。

宋朝大文学家石曼卿，人称"石学士"。一日酒后乘马车去报国寺游玩，突然马受惊乱跑，石曼卿从车上摔了下来。只见石曼卿站起来，拍拍身上的尘土，拿起马鞭，然后风趣地对围观者说："幸亏我是'石'学士，要是'瓦'学士，一定要摔破了。"石学士把自己的姓做了另外一番解释，妙语解颐，为后人称道。

1915年，丘吉尔还是英国的海军大臣。不知他是心血来潮还是什么原因，突然要学开飞机，于是，他命令海军航空兵的那些特级飞行员教他开飞机，军官们只好遵命。

丘吉尔还真有股韧劲，刻苦用功，拼命学习，把全部的业余时间都搭上了，负责训练他的军官都快累坏了。丘吉尔虽称得上是杰出的政治家，但操纵战斗机跟政治是没什么必然联系的。也可能是隔行如隔山吧，总之，丘吉尔虽然刻苦用功，但就是对那么多的仪表搞不明白。

在一次飞行途中，天气突然变坏，一段25.75千米的航程他竟然花了3个小时才抵达目的地。

着陆后，丘吉尔刚从机舱里跳出来，那架飞机竟然再次腾空，一头扎到海里去了，旁边的军官们都吓得怔在那里，一动不动。

原来，匆忙之中的丘吉尔忘了操作规程，在慌乱之中又把引擎发动起来了。望着眼前这一切，丘吉尔也不知所措，好在他并没有惊慌，装作茫然不知似的，自我解嘲道："怎么搞的，这架飞机这么不够意思。刚刚离开我，就又急着去和大海约会了。"

一句话缓解了紧张的气氛，也让丘吉尔摆脱了尴尬。

在有些尴尬的场合，运用自嘲能使自尊心通过自我排解的方式受到保护，而且还能体现出说话者宽广大度的胸怀。

当你陷入窘境时，逃避嘲笑并非良方，也不是超脱。相反，你殚精竭虑地力图反击，很可能会遭到对手更多的嘲讽，不如把反击调动180度来个自我攻击。这种超脱既能使自己摆脱狭隘的心理束缚，又能使凶悍的对手"心软"下来。

20世纪50年代初，美国总统杜鲁门会见十分傲慢的麦克阿瑟将军。会见中，麦克阿瑟拿出烟斗，装上烟丝，把烟斗叼在嘴里，取出火柴。准备划燃火柴时，他作势停下来，对杜鲁门说："抽烟，你不会介意吧？"

显然，这不是真心地向对方征求意见。杜鲁门讨厌抽烟的人，但他心里很明白，在面前这个人已经做好抽烟准备的情况下，如果说他介意，那就会显得自己粗鲁和霸道。

杜鲁门看了麦克阿瑟一眼，自嘲道："抽吧，将军。别人喷到我脸上的烟雾，要比喷在任何一个美国人脸上的烟雾都多。"

杜鲁门总统以自我解嘲的形式来摆脱难堪的境况，而他自嘲，还包含着深深的责备和不满，无形中给了傲慢的将军含蓄的训诫。

当然大多数人都不是故意陷人于难堪境地的。如果过分掩饰自己的失态，反而会弄巧成拙，使自己越发尴尬，并且使得对方心神不宁、坐立不安。以漫不经心、自我解嘲的口吻说几句取悦于人的话，却可以活跃气氛，消除尴尬。

某次，柏林空军军官俱乐部举行招待盛宴，主宾是有名的乌戴特将军。敬酒时，一位年轻士兵不小心将啤酒洒到了将军光亮的秃头上，士兵吓得魂不附体，手足无措，全场人目瞪口呆。面对颤抖的士兵，乌戴特微笑着说："老弟，你以为这种治疗会有效吗？"在场的人闻言大笑起来，难堪的局面被打破。

尴尬场合，运用自嘲可以平添许多风采。当然，自嘲要避免采取玩世不恭的态度。具有积极因素的自嘲包含着自嘲者强烈的自尊、自爱。自嘲实质上是当事人采取的一种貌似消极，实为积极的促使交谈向好的方向转化的手段而已。

紧张时刻用玩笑做掩护

说笑能极大地缓解尴尬气氛，甚至在笑声中这种难堪场面会瞬间消失，让人很快忘却。

萧伯纳有一次遇到一位胖得像酒桶似的牧师，他跟萧伯纳开玩笑说："外国人看你这样干瘦，一定认为英国人都在饿肚皮。"萧伯纳谦和地用幽默来回敬对方："外国人看到你这位英国人，一定可以找到饥饿的根源。"幽默感是避免人际冲突、缓解紧张的灵丹妙药。

如果交往中出现尴尬局面，说句调笑的话是使双方摆脱窘迫的好办法。例如，两个班级联欢，男女舞伴第一次跳舞，由于一方的水平低发生了踩脚的情况，另一方说"没关系"这样礼貌的话可能还会加重对方的紧张，如果用一句"地球真小，我俩的脚只能找一个落点了"，可使双方忍俊不禁而心理放松。

尴尬，是人在生活中遇到窘困或不易处理的场面时，所出现的一种张口结舌、面红耳赤的心理紧张状态。在这种时候，人们的感觉比受到公开的批评还难受，会出现面孔充血、心跳加快、讲话结巴等生理反应。主动讲个笑话逗大家笑，是减轻该症状的良方，尤其是在很多人看着你的时候。

苏联著名女主持人瓦莲金娜·列昂节耶娃有一次向观众介绍一种摔不破的玻璃杯。准备时几次试验都很顺利，谁知现场直播时竟出了意外——杯子摔得粉碎。而这时，成千上万的观众正看着屏幕。她灵机一动说："看来发明这种玻璃杯的人没考虑我的力气。"幽默的语言一下子就使她摆脱了窘境。

一位演说家对听众说："男人，像大拇指（做手势）；女人，像小指头儿……"话未说完，全场哗然，女听众们强烈反对他的比喻，他没法再讲下去了。怎么办？他立刻补充说："女士们，大拇指粗壮有力，而小手指则纤细、灵巧、可爱。不知哪位女士愿意颠倒过来？"一句话，不仅平息了女听众们的愤怒，还让她们喜笑颜开。

夫妻之间吵吵闹闹是常有的事，有的小打小闹就过去了，可有的气得决心离婚，这种时候，只要你能把对方逗笑，僵局自然就被打破了。

约翰先生下班回家，发现妻子正在收拾行李。"你在干什么？"他问。"我再也待不下去了，"她喊道，"一年到头老是争吵不休，我要离开这个家！"约翰困惑地站在那儿，望着他的妻子提着皮箱走出门去。忽然，他冲进房间，从架上抓起一只皮箱，也冲向门外，对着正在远去的妻子喊道："等一等，亲爱的，我也待不下去了，我和你一起走！"怒气冲天的妻子听到丈夫这句既可笑又充满对自己爱恋和歉意的话，就像气球被扎了一个洞，很快气就消了。

当约翰的妻子抓起皮箱，冲出门外之时，我们不难想象，约翰是多么的难堪、焦急；但他既没有苦劝妻子留下，也没有做任何解释、开导，更没有抱怨和责怪，而是说："等一等，亲爱的，我也待不下去了，我和你一起走！"这哪像夫妻吵架，倒像一对恩爱夫妻携手出游。约翰这番话，以谐息怒，不但会让妻子感到好笑，而且还会让妻子体会和理解丈夫是在含蓄地表达自己对妻子的爱意和歉意，以及两人不可分离的关系。听到这番话，妻子怎能不回心转意呢？

恐怕谁都有当众滑倒的经历，每每回想起来都还会感到脸红。摔倒的场面总是很滑稽，难免会引得大家笑，你不妨用一种荒诞的逻辑将这种尴尬变成有利因素，从而自然大方地从困境中解脱出来。

1944年秋，艾森豪威尔亲临前线给第二十九步兵师的官兵训话。当时，他站在一个泥泞的小山坡上讲话，讲完后转身走向吉普车时突然滑倒。士兵们不禁捧腹大笑，原来肃静严整的队伍轰然暴响。面对突发情况，部队指挥官们十分尴尬，以为艾森豪威尔要发脾气了。岂料，他却幽默地说："从士兵们的笑声看来，可以肯定地说，在我与士兵的多次接触中，这次是最成功的了。"

顺着对方的话锋说话

顺梯而下，是指依据当时有利的时机，巧妙地顺势而下，自然而然，既不会引起他人的注意，还能占据主动。顺梯而下有以下两种方式。

1. 顺着对方的话题而下

有时候，要将一个话题要进行下去，有多个方向可供选择，我们可以有意识地将话题引往有利于自己的方向，然后顺着话题及时撤出去。

在一次师生座谈会上，师生之间聊起了如何面对自己弱点的话题。会议进行得很温和，不指名道姓，遇到要举事例的时候，也是以假设开始，诸如"假设你有什么弱点，你该怎么做"。可是后来会议特意留出了一定的时间，让学生就不懂的问题向在座的老师请教。一位同学站起来向一位姓何的老师提问："当一个人遇到了非常难堪的事情，他可以正视它、战胜它，但也可以逃避它，哪种方法更好些呢？"何老师首先肯定了这位同学合理的分析，说："正视它，战胜它！"这位同学接着又问："能不能问您一个隐私的问题……"正在那位同学还在犹豫该不该问时，何老师说话了："既然是隐私问题，就不好当着众人的面讲，如果你感兴趣，会后我们可以私下里谈谈。"

在这里，如果何老师让那位同学把话说下去，接下来肯定会使自己左右为难，不如顺着对方的话音，巧妙地撤出去，不在原来的话题上打转转。

那些毫无根据又极具挑衅意味的提问总是会激起人们的反感，但是直接的指责反而会显得自己涵养不够。所以，我们不如根据对方的诘问，为自己编造一个更严重的罪责，嘲讽对方无中生有、不讲礼貌，表达我方对这种无凭无据的问题的极大愤怒和拒绝回答的态度。

家庭生活中，也难免有下不了台的时候，顺梯而下的方法也可适当利用。

小张有一次到朋友家做客，恰巧他们夫妻在挂一幅装饰画。丈夫问妻子："挂正了吗？"妻子说："挺正的。"挂好后，丈夫一看，还是有点歪，就抱怨说："你什么事都马马虎虎，我可是讲求完美的人。"做妻子的有点儿下不来台，见有人在场便开口道："你说得对极了，要不你怎么娶了我，我嫁给了你呢！"这一巧妙的回答，不仅挽回了面子，又营造了一种幽默的气氛，做丈夫的也发觉自己失言了，以一笑来表示歉意。

2. 顺着他人的解围而下

在谈话中，如果因你的不当言语造成整个气氛的不和谐，可能会有聪明的人站出来，及时替你解围，这时，就应该抓住时机，顺着他人的解围及时撤出。

小明喜欢和他人诡辩，并且以此为乐事。一天将近中午吃饭时，小可深有感触地说："人是铁，饭是钢，一天不吃饿得慌。"小明接着说："这句话就不对了，据科学分析，人是可以饿7天的。"小可说："那你饿7天看看。"小明接着说："这句话你又错了，你也可饿7天的。"小可说："我才没那么傻呢，只有疯子才干这样的蠢事。"小明又说："历史上，很多当时被认为是疯子的人，后人把他们看作是伟人。"小明就这样无限地推演下去。哪知小可的个性淳朴，不喜欢这样饶舌，后来就有点无法忍受了。这时小明的好友小冬见状，凑过来边对小可使眼色边说：

"我们小可最大的'优点'就是说错了话还不承认。"小可明白了小明的暗示，接过话头说："小冬真是了解我。"说着对小明一笑，走开了。

顺梯而下能让人快速摆脱窘境，同时也会让制造尴尬的人停止继续发话，可谓一箭双雕。

不好回答的话可以岔开说

某单位一女工结婚，在单位分发喜糖。同事里有一位尚未谈对象的33岁的大龄女青年，大家吃着糖，突然一位同事笑着对那位女青年说："喂，什么时候吃你的喜糖？"大家都望着那位女青年。那位女青年脸微微一红，把脸转向邻近的一位女同事，然后指着那位女同事身上的一件款式新颖的上衣问："咦？这件上衣什么时候买的？在哪个商店买的？"两个人便兴致勃勃地谈起了那件衣服。

在大庭广众之下问大龄女子何时结婚确实是件很不礼貌的事情。女青年碰到这个尖锐的问题时处境十分尴尬，回答不好可能会引起大家的闲话，再说这事也没必要让大家来谈论。于是她立刻把话题转移到同事的衣服上，借以回避对方的无聊问题。问者受到毫不掩饰地冷落，自然也意识到自己的失礼，没有理由责怪女青年对自己的置之不理。

毫无疑问，直接转移法可以让你立即摆脱令你难堪的话题，然而有一点不足的是，这样显得十分生硬。将话题飞快转向与之毫不相干的地方，看似快速甩开了为难局面，可是对方心理上仍然是有阴影的。因此，我们要学会更含蓄的言他法——岔换。

岔换法是针对对方的话题而岔换新的话题，字面上看是回答了对方的问题，而实质意义却是不相干的两个问题。它给人的感觉通常是干脆利落，能显示出一种较为强硬的应对态度。

　　比如，有个发达国家的外交官问非洲一个国家的大使："贵国的死亡率必定不低吧？"大使接过话题就立即掷出一句："跟贵国一样，每人死亡一次。"

　　这位外交官的问题是针对整个国家说的，而大使岔开话题直言不讳地换用"每个人的死亡"作答，显示了一种针尖对麦芒的强硬态度。

　　大诗人普希金有一次在彼得堡参加一个公爵的家庭舞会，当他邀请一位小姐跳舞时，这位小姐极傲慢地说："我不能和小孩子一起跳舞！"普希金很礼貌地鞠了一躬，笑着说："对不起！亲爱的小姐，我不知道你怀着孩子。"说完便离开了，而那位漂亮的小姐无言以对，涨红了脸。

　　反讽不是气急败坏的叫嚣，也不是"黔驴技穷"的狂鸣，它应该是偶尔露出的峥嵘，锐利锋芒的一现。

　　利用语言的双解，普希金巧妙将话题的针对点从自己身上转到了那位漂亮的小姐身上，不露痕迹地就将自己的尴尬转化为了漂亮而又傲慢的小姐的尴尬。所以，我们在采用"顾左右而言他"的解围法时，应尽量把它运用得不露声色，婉转巧妙。

六大台阶帮你说好难说的话

　　人非圣贤，孰能无错？何况即使圣贤也有犯错的时候。西奥多·罗斯福承认说，当他入主白宫时，如果他的决策能有 75% 的正确率，那就达到他预期的最高标准了。像罗斯福这么一位 20 世纪的杰出人物，其最高期望也只有如此。可是，偏偏有人总是忍不住给别人纠错。

　　沙斯先生是纽约一位年轻的律师，他参加了一个重要案件的辩论，这个案件牵涉一大笔钱和一项重要的法律问题。在辩论中，一位最高法院的法官对年轻的律师说："海事法的追诉期限是 6 年，对吗？"

沙斯先生愣了一下，看看法官，然后率直地说："不。庭长，海事法没有追诉期限。"

"庭内顿时静默下来，"沙斯先生后来在讲述他的经验时说，"似乎气温一下就降到了冰点。虽然我是对的，法官是错的，我也据实地指了出来，但他却没有因此而高兴，反而脸色铁青，令人望而生畏。尽管法律站在我这一边，我也知道我讲得比过去都精彩，但由于没有使用外交辞令，我却铸成了大错，居然当众指出声望卓著、学识丰富的人错了。"

沙斯先生确实铸成了大错，在指出法官错误的时候，为什么不能更巧妙、更自然一些呢？为什么不能提供一个恰当的台阶，使法官免丢面子呢？这样不仅会获得法官的好感，而且也会为沙斯先生自己树立一个良好的社交形象。

在社交活动中，能适时地为陷入尴尬境地的对方提供一个恰当的"台阶"，使对方免丢面子，也算是处世的一大原则，也是人的一种美德。这不仅能获得对方的好感，而且也有助于自己树立良好的社交形象。否则对方没能下得"台阶"而出了丑，可能会对你记恨终生。相反，若注意给人"台阶"下，可能会让人感激一生。是让人感激还是让人记恨，关键是自己在"台阶"上是否陷入误区。

外圆内方的人，不但会尽量避免因自己的不慎而使别人下不了台，而且还会在对方可能不好下台时，巧妙及时地为其提供一个"台阶"。这是因为他们在帮助别人"下台"时，掌握了正确的方法。

1. 顺势而为送台阶

依据当时当场的势态，就对方的尴尬之举加以巧妙解释，使原本只有消极意味的事件转而具有积极的含义。

全校的语文老师来听王老师讲课，想不到校长也光临"指导"，这下可使小王犯难了。他既怕课讲得不好，又忧虑有的学生答问题时表现不佳，有失面子。

课上，他重点讲解了词的感情色彩问题。在提问了两位同学取得良好效果后，接着提问校长的孩子："请你说出一个形容×××美丽的词或句子。"

或许是课堂气氛紧张，或许是严父在场，也可能兼而有之，孩子沉默不语，只是站着。

空气凝固。王老师和校长都现出了尴尬的脸色。瞬间，王老师便恢复正常，随机应变地讲道："好，请你坐下。同学们，该同学的答案是最完美的，他的意思是说这个人的美丽是无法用文字和语言来形容的。"

听课者都露出了会心的微笑。

这一妙解为校长公子尴尬的"呆立"赋予了积极的意义，使他顺利下了台阶，而王老师和校长也很自然地摆脱了难堪。

2. 破除尴尬造台阶

故意以严肃的态度面对对方的尴尬举动，消除其中的可笑意味，缓解对方的紧张心理。

第二次世界大战时，一位德高望重的英国将军举办了一场祝捷酒会。除上层人士，将军还特意邀请了一批作战勇敢的士兵，酒会自然是热烈隆重。没料想一位从乡下入伍的士兵不懂酒席上的一些规矩，捧着面前的一碗供洗手用的水就喝，顿时引来达官贵人、夫人小姐的一片讥笑声。那士兵一下子面红耳赤，无地自容。此时，将军慢慢地站起来，端着自己面前的那碗洗手水，面向全场贵宾，充满激情地说道："我提议，为我们这些英勇杀敌、拼死为国的士兵们干了这一碗。"言罢，一饮而尽。全场为之肃然，少顷，人人均仰脖而干。此时，士兵们已是泪流满面。

在这个故事里，将军为了帮助自己的士兵摆脱窘境、恢复酒会的气氛，采用了将可笑事件严肃化的办法，不但不讥笑士兵的尴尬举动，反而将该举动定性为向杀敌英雄致敬的严肃行为。乡下士兵不但尴尬一扫而尽，而且获得了莫大的荣誉，成为全场的焦点人物。

3. 不露声色搭台阶

心理学的研究表明，谁都不愿把自己的错误或隐私在公众面前"曝光"，一旦被曝光，其就会感到难堪或恼怒。因此，在交际中，如果不是为了某种特殊需要，一般应尽量避免触及对方所避讳的敏感区，避免使对方当众出丑。必要时可委婉地暗示对方自己已知道他的错处或隐私，达到对他造成一定压力的目的；但不可过分，点到即可。

4. 佯装糊涂给台阶

装作不理解对方尴尬举动的真实含义，故意给对方找一个善意的行为动机，给对方铺一个台阶下。

一位老师介绍经验时说："一天中午，我路过学校后面的操场时发现，前两天帮助搬运实验器材的那几位同学正拿着实验室特有的凸透镜在阳光下做'聚焦'实验。我想：他们哪来的透镜？难道是在搬运时趁人不备拿了一个？实验室正丢了一个。是上去问个究竟还是视而不见绕道而去？为难之时，同学们发现了我，从他们慌张的神情中我肯定了自己的判断。当时的空气就像凝固了似的，一分一秒也不容拖延。我快速地构思，终于想出一条妙方，笑着说：'哟，这透镜找到了！谢谢你们！昨天我到实验室准备实验，发现少了一个透镜，我想大概是搬运过程中丢失了，我沿途找了好几遍都未能找到，谢谢你们帮我找到了这个透镜。这样吧，你们继续实验，下午还给我也不迟。'同学们轻松地点了点头。"

这位老师采用了故意曲解的方法，装作不懂学生的真实意图，反误以为他们帮助自己找到了透镜，将责怪化成了感激，自然令学生在摆脱尴尬的同时又羞愧不已。

5. 增光添彩设台阶

有时遇到意外情况使对方陷入尴尬境地，这时，外圆内方的人在给对方提供"台阶"的同时，往往会采取某些妥善措施，及时给对方的面子上再增添一些光彩，使对方更加感激不尽。

6. 放低姿态献台阶

有一次，由爱因斯坦证婚的一对年轻夫妇带着小儿子来看他。孩子刚看了爱因斯坦一眼就号啕大哭起来，弄得这对夫妇很尴尬。心胸开阔的爱因斯坦却摸着孩子的头高兴地说："你是第一个肯当面说出对我的印象的人。"坦诚的妙答并没有使爱因斯坦失去面子，也给了这对夫妇一个情面，活跃了气氛，融洽了关系。

在这里，爱因斯坦向我们显示了他在交际中的宽容和机智。面对孩子大哭给年轻夫妇带来的尴尬，他既没有哄劝孩子，也没有安慰孩子的父母，而是采用了自嘲的方式来帮助对方化解尴尬。爱因斯坦把孩子的大哭理解为孩子对自己的恐惧和不满，然后放低姿态，凭借慈祥的语气表示自己对此态度的认同，一语便缓解了年轻夫妇的难堪。

人人都有下不来台的时候。学会给人下台阶，既可以缓解紧张难堪的气氛，使事情得以正常进行，又能够帮助尴尬者挽回面子，增进彼此的关系。要达到这样的目的，我们应学会使用以上技巧。

面对责难这样说

社会上不乏喜欢中伤他人的人，他们总是扫别人的兴，以别人的难堪为快，品质恶劣至极。我们如果刻意躲闪，反而会使自身更加手足无措，使挑衅者得意忘形。因此，我们必须懂得反击。

有时，别人可能用指桑骂槐的方式对你进行猛烈的人身攻击，侮辱你的人格。对此，你如果质问对方，正面回击，可能正中对方下怀，他可以说："我并没有指你，你为什么要往自己头上硬扯？"要回击这类人身攻击，最好的办法是也采用同样含沙射影的方式，反击对方，取得以隐制隐的效果。

有一伙人从某地火车站出来，到车站广场的摊点上想买几只烧鸡在旅途中吃，买主都很年轻。他们买烧鸡时，对女老板说："嘿，你这摊上卖得还真全啊！还有野鸡呢，你这野鸡肉香不香啊？想不到你们这地方还出这么漂亮的野鸡，这野鸡的肉多嫩呀！老板，怎么个卖法呀？可不可以送货上门啊？"说完后，他们一伙人都很轻慢地笑了起来。

女老板很清楚这伙人居心不良，把自己比作"野鸡"，如果直接骂他们几句，就会被指责为不文明经商；如果不回敬几句，就很可能有更难堪的场面出现。于是她不卑不亢地说："我们这里不出野鸡，只加工野鸡，这里的野鸡都是用火车从外地运来的。运来的野鸡都是活的，所以稍不留神就会被野鸡啄着，这些东西毕竟是野物嘛，又不通人性。我们在加工野鸡时，对那些野性大的野鸡先开刀，然后用开水烫，接着把它的毛扯光，趁热就开膛破肚，接下去就是烧烤熏煮。你们问问旁边这两位小妹，她们刚刚尝过了。你们如果吃着好的话，就欢迎多买几只，我可以优惠点卖。你们除了自己吃，多余的带回去送给亲友，不是也算帮我们送货上门了吗？"

那些恶意挑衅者听了这番滴水不漏的回答之后暗冒冷汗，只好强打精神说："好！够份儿。老板娘的货漂亮，人漂亮，话更漂亮。"说完以后还真乖乖地买了几只烧鸡走了。

这位老板娘就是采用了含沙射影、以隐制隐的语言技巧，把"野鸡"的雅号送了回去，巧妙地回击了指桑骂槐的发难者。

在社交场合，有时会遇到别人有意无意抢白、奚落、挖苦、讥讽你，该怎么办？有随机应变能力的人能化被动为主动，使尴尬烟消云散。"兵来将挡，水来土掩"，你可视对象选择不同的应对之法。

来者不善，怀有恶意，故意挑衅，你可以"以牙还牙，以眼还眼"，有理、有利、有节，有礼貌而巧妙地回敬对手，针锋相对，"原物"顶回。

如果有人用过于唐突的言辞使你受到伤害，千万不要息事宁人，要知道，只有反击、进攻才能有效抑制那些人的出言不逊。

孔融10岁那年，有一次到李膺家做客，当时在场的都是些社会名流，孔融应答如流，得到宾客们的称赞。但有一位叫陈韪的大夫却不以为然，讥讽地说："小时候聪明，长大了未必也聪明。"孔融立刻回答道："我想先生在小时候一定很聪明吧？"

孔融采用以其人之"法"还治其人之身的语言形式，以问作答，把对方射过来的"炮弹"又原样给弹了回去。作答的语言一般都带有明显的嘲弄味和讽刺味，通常是由对方出言不逊、讽刺挖苦所引起的，这样的语言表达方式一般出现在不友好的两方之间，是答方对不礼貌的问方以牙还牙式的回敬。

有个成语，叫"急中生智"。要做到这一点，需要灵敏的思维、丰富的语汇、渊博的知识、娴熟的技巧。只有掌握了各种应付尴尬局面的语言技巧，受人责难时才能使自己立于不败之地。

话不投机，及时转移话题

在日常生活和社会交往中，尤其是在比较正式的场合，如聚会、会议等，常会出现冷场现象，彼此都尴尬。在人际关系中，冷场无疑是一种"冰块"。打破冷场的技巧，就是及时融化妨碍交往的"冰块"。

谈话者之间存在以下情况时，最容易因"话不投机"而冷场：

1. 彼此不大相识；

2. 年龄、职业、身份、地位差异大；

3. 心境差异大；

4. 兴趣、爱好差异大；

5. 性格、素质差异大；

6. 平时意见不合，感情不和；

7. 互相之间有利害冲突；

8. 异性相处，尤其单独相处时；

9. 因长期不交往而比较疏远；

10. 均为性格内向者。

谈话出现冷场，双方都会感到尴尬，但只要谈话者掌握了以下破"冰"之术，及时根据情境设置话题，冷场是很容易被打破的。

1. 学会拓展话题的领域

开始第一句话应是人人都能了解，人人都能发表看法的，由此再探出对方的兴趣和爱好，拓展谈话的领域。如果指着一件雕刻作品说"真像某某的作品"，或是听见鸟唱就说"很有门德尔松音乐的风味"，除非对方是内行，否则这样的开场不仅不能讨好，还会在背后挨骂。

如果不知道对方的职业，就不可胡乱问他，因为他可能恰巧刚刚失业，问他的职业无异于迫他自认失业，这对自尊心很重的人来说是不太好的。如果你想开拓谈话的领域而希望知道他的职业，只能用试探的方法，如"先生常常去游泳吗？"如果他说"不"，你就可以问他是否很忙，"每天上哪儿消遣最多呢？"接下去探出他是否有固定工作。如果他回答"是"，你便可加上一句问他平时什么时候去游泳，从而判断他有无职业。如果他说是星期天或每天下午 5 点以后去，那无疑是有固定工作。

确定了别人有工作，才可问他的职业，这样就可以谈他的工作范围内的事情。如果不知对方有没有职业，或确知对方为失业者，那么还是谈别的话题为佳。

2.风趣地接、转话题

在谈话中善于抓住对方的话题，机智巧接答，可以使谈话变得风趣，从而使谈话活跃起来。以下是一个典型的例子。当我们夸奖对方取得的成绩时，总能听到这样的回答："一般，一般。"倘若我们不接着话茬说下去，就有点赞同对方的"一般"说法的意思，达不到接话说的目的。可以这样回答："'一般'情况尚且如此，那'二般'情况就可想而知了。"言外之意是说："你一般的情况才如此的话，我'二般'的情况就更不值得一提了。"这类搭茬儿，一般是采用谐音、双关的手法，接住对方的话茬，做风趣的转答。

巧妙地接答对方的话茬，可以把原来的话题引向另一个话题，使谈话转变一个角度继续进行下去。

刘某是公司负责某一地区的销售业务员。公司为了加强和客户之间的联系，特举办了一年一度的"联谊会"。公司安排刘某在会议期间陪同他的客户顾某。他们路过一家商场，谈起了商场销售情况。末了，顾某深有感触地说："现在，市场竞争够激烈的。"刘某接过他的话茬儿说："就是。在你们单位工作的业务员也不少吧？"就这样，刘某既把话题延伸下去，同时又把话题转向有利于自己的方向。

3. 巧妙析姓辨名

在气氛不活跃时，可以针对一些人的姓名进行别致的解释，其效果往往会出人意料，从而活跃了气氛。

4. 适时地提一些引导性的话题

提出引导性话题，可以给他人留下谈话时间和空间，特别是对于那些不善于当众讲话的人。这些话题可以根据对方的性格特点、兴趣爱好、职业性质等方面来设置。比如"近来工作顺利吧""听说你最近有件高兴的事，是什么呢""前一阵我见到你的孩子，学习怎么样"，先用这些听起来使对方温暖的话寒暄一下，便于开展谈话。对于那些在公司上班的人，可以探问对其公司的日常规则的看法，例如："你们公司每周都要举行升旗仪式，之后还要做早操，召开例会，你怎么看？"引导性话题应该注重可谈性和可公开性。对学文的不宜谈深奥的理科问题，反之亦然。不宜在公开场合触及个人隐私，或者是背后议论他人等。如果引导性话题过于敏感，或者不是对方的兴趣爱好，或者过于深奥，超出了对方的知识结构等，对方也许不愿说，也许真的无话可说。提出这类话题，目的是让对方开口讲话，如果不能让对方讲，那还有什么意义呢？

在提一些引导性话题的时候，也要注意方法和策略，不要让对方感到难以回答或只能附和。比如："你是不是也觉得现在的厂长很能干？"人家可能无法说赞同，因为对此有保留意见；也不好说不赞同，因你已经认可了，他总不至于在你的面前进行反对吧，何况是说别人的坏话呢。这样的话题，处理得不好会让自己失去谈话的亲和力，适得其反。再者，也不要问些大而空的问题，让人不知从何说起，最好具体点。

如果是由于自己太清高、架子大，使人敬而远之而造成双方的沉默，那你在交谈中应该主动、客气及随和一些。

如果是由于自己太自负、盛气凌人，使对方反感而造成了沉默，则要注意谦虚，多想想自己的短处，适当褒扬对方的长处。

如果是由于自己口若悬河，讲起话来漫无边际、无休无止导致了对方的沉默，则要注意自己讲话适可而止，给对方说话的机会，不要让人觉得你是在做单方面的"说教"。

有时装作不懂，往往可以听取他人更多的意见。反之，你表现得太聪明，人家即使要讲也有顾虑，怕比不上你。如果我们用"请教"的语气说话，引起对方的优越感，就会引出滔滔话语。一般人的心理是总喜欢教人，而不喜欢受教于人。

冷场的出现，往往与"话题"有关。"曲高和寡"会导致冷场，"淡而无味"同样会引起冷场。不希望出现冷场的交谈者，应当事先做些准备，使自己有一点"库存话题"，以备不时之需。

装作不知道，说得更奇妙

实习期间，一位实习老师刚在黑板上写了几个字，学生中突然有人叫起来："老师的字比我们李老师的字好看！"

真是语惊四座。稚幼的学生哪能想到此时后座的班主任李老师该多么尴尬！对这位实习生来说，初上岗位，就碰到这般让人难堪的场面，的确使人头疼，以后怎样同这位班主任共渡实习关呢？怎么办？转过身来谦虚几句，行吗？不行！这位实习生灵机一动，装作没有听到，继续写了几个字，头也不回地说：

"不安安静静地看课文，是谁在下边大声喧哗？"此语一出，后座的李老师紧张尴尬的神情顿时轻松多了，尴尬局面也随之消除。

这里的实习老师巧妙地运用了"装作不知道"的技巧，避实就虚，避开"称赞"这一实体，装作没有听清楚，而攻击"喧哗"这一虚像。这既巧妙地告诉那位班主任"我根本没有听到"，又敲打了那位学生的称赞兴致，避免了学生误认为老师没有听见可能再称赞几句，从而再次造成尴尬的局面。

"装作不知道"，就是指对别人的话装作没有听到或没有听清楚，以便避实就虚、猛然出击的处理问题的方式。它的特点是说辩的锋芒主要不在于传递何种信息，而是通过转移对方的说辩兴致使之无法继续设置窘迫局面，化干戈为玉帛，能够寓辩于无形，不战而屈人之兵。当然唯有具有较深阅历的人方能达到这种效果。在人际交往中，可运用这种方式的场合很多。

别人的刻薄攻击，不仅可以当作耳旁风，而且还能对其反讽一番，这就叫"装作不知道，说得更奇妙"。

对于一些敏感性问题，提问者一般不直接就问题的本质提出质疑，而是从其他貌似平常的事物着手，旁敲侧击地进行诱导性询问。这时，我们可以故意装作不懂对方的真正用意，而站在非常表面的、肤浅的层次上曲解其问话，并将这种曲解强加给对方，使对方意识到我方的有意误解实际上是在委婉地表达抗议和回避，从而识趣地放弃自己的追问。

在人际交往中，有许多场合都可以使用"装作不知道"的办法，躲开别人说话的锋芒，然后避实就虚、猛然出击。其技巧关键在于躲闪避让的机智，虽是"装作"，正如实施"苦肉计"一样，却一定要表演得自然。

第十二章

千人千面，对不同的人说不同的话

冲破障碍，说好初见时的第一句话

与陌生人打交道，谁都会存有一定的戒心，这是初次交往的一种障碍。而初次交往的成败，关键要看能否突破这道障碍。如果你能用第一句话吸引对方，或是讲对方比较了解的事，那么，第一次谈话就不仅仅是形式上的客套了。如果运用得巧妙，双方会相处得更加融洽。

有时候，从别人的兴趣爱好着手，讨论别人感兴趣的话题就很容易拉近人与人之间的距离。所谓"酒逢知己千杯少"，两个志趣相投的人在一起总觉得有说不完的话。因此，我们在和陌生人交往时，不妨多多寻找彼此在兴趣、性格、阅历等方面的共同之处，使双方在越谈越投机的过程中获得更多关于对方的信息，迅速拉近距离，增进感情。

牵线搭桥，漂亮地为他人做介绍

在社交场合中，介绍与被介绍都是很重要的一环。通过介绍，新朋友得以相识，彼此间的志趣得以沟通，业务上的接触也从此开始了。

为他人介绍，即第三者为彼此不相识的双方引见的介绍方式。在人际交往中，我们总是能够碰到为他人介绍的机会，如何漂亮地为他人做介绍呢？

当你刚开始介绍的时候，请记住下面这些礼节。

假如有三个人在一起，而其中两个人已经互相认识，第三者却跟其中一个人不认识，那么另一个人就有义务担当介绍人，把第三者介绍给这个人认识。当你招待不止一个客人的时候，如果客人中有互不认识的，做主人的要负起介绍的责任，使这些彼此不认识的人成为朋友。

通常情况下，如果为一位先生和一位小姐做介绍，那么在介绍过程中，小姐的名字应先提，然后再提男士的名字，如，"李小姐，我来为你介绍一位朋友，这是陈先生。"但如果你要介绍一男一女认识，而男的年纪比女方大很多时，则应该将这位小姐介绍给男士，以示尊敬长者。

未结婚的通常被介绍给已结婚的，除非未结婚的男士（或女士）年龄比已结婚的大很多。

在同性别的两人中，年轻的应被介绍给年长的，亦表示尊敬长者之意。

在年纪相差不大的男士中，并不计较谁被介绍给谁，但当某人在社会上德高望重，或较有名望、有地位时，别的人自当被介绍给他。总而言之，在介绍过程中，先提某人的名字乃是对此人的一种敬意。

归纳上面的原则，是年轻的或后辈被介绍给年长的或前辈，男士被介绍给女士。但是当介绍家人时，则有另外的规矩。

介绍自己的家人给客人认识时，不应在家人的姓名后面加上"先生""太太"或"小姐"等称呼。但是女儿如果已经结了婚，也可以加"太太"两字。介绍的时候，直接称"丈夫"或含蓄点称"先生"也可以，儿子或女儿应称"小儿"或"小女"，兄弟与姐妹应称"家兄"或"家姐""舍弟"或"舍妹"，然后，再加上他们的名字。如果是介绍自己的丈夫则姓和名都要加上。

此外，以下情况应特别注意。

不愿相识的人不可贸然地介绍认识。女子偕男友外出碰到女友或另一对男女，可点头招呼，但无须介绍，除非其中某一方提出这个要求。

在社交场合或有人来家做客时，把自己的妻子或丈夫介绍给初次会面的朋友时，应首先将对方介绍给妻子，然后再将妻子介绍给朋友。而当妻子介绍丈夫给朋友认识时，应首先将丈夫介绍给对方，然后再把朋友介绍给丈夫。

遵从这些介绍原则，才能在社交场中漂亮地为他人牵线搭桥。

完美主义者不一定"完美"

"世界是不完美的，我要追求完美。"这通常是追求完美的人的座右铭。完美主义者作为九型人格中的1号，他们的性格中有一个很显著的特征，即关注细节，力求完美。他们多半不能容忍污点，正义感和责任感都很强，对自己的要求极高，同时对周围的人也会"高标准，严要求"。

完美主义者通常不会注意到自己是否快乐，他们只关注他们"应该"做和"必须"做的事情。他们很少会问自己真正需要什么，只知道去做正确的事情。

完美主义者不论是在生活上、感情上，还是在工作中，都比较冷静，做任何事情有条理、有目标，善始善终。

如同一枚钱币的两面，完美主义者是在这个并不完美的世界里追逐完美的人，有时候他们的认真与执着会让我们感动。没有他们的严谨和讲求原则，这个世界会变得很糟糕。

但是，追求完美的人也有他的缺陷。

例如，一些完美主义的管理者，他们常常喜欢把大小事务揽在自己身上，事必躬亲，从来都不放心把一件事交给下属去做。这样，看起来似乎整天忙忙碌碌，实则大多没有什么实在的价值。

孔子的学生子贱做过某县的地方官。平日里，大家只见他弹琴作乐，悠然自得，根本没见他走出过公堂。然而在他的治理之下，这个地方生活富足，百姓安定。后来，子贱离开了这里，接替他的官吏每天早出晚归，为了工作，吃不香，睡不好，大小事务无不亲自处理，却还是有很多的问题。

这位官吏非常苦恼，便特意向子贱请教。子贱得知他的来意后，微微一笑，说道："我哪里有什么窍门呀！只不过我在任时凭借大家的力量处理政务。而你用的方法是只靠自己，光靠自己的力量治理当然辛苦了。"

子贱的为官之道告诉我们一个道理：没有人是万能的，你必须学会依靠别人的力量，让别人为你办事，才有可能获得成功。完美主义者很多时候就是缺少这种"依靠"他人的特质，不懂得解放自己双手的管理之道。

正确认识过度老实的人

"先天下之忧而忧，后天下之乐而乐"的"大我"精神一直是过度老实的人的人格中最闪耀的地方。过度老实的人作为九型人格中的2号，他们的性格如果用一种颜色来表示的话，最合适的莫过于绿色：

温和、不刺激，有希望的力量，还有温暖人心的热忱。他们永远不会咄咄逼人，帮助别人时也是出于一种"责任"。因此，可以说2号是社会责任感最强和最有爱心、同情心的人。

他们从来都是在按照他人的意愿做事，因为他们做事的初衷就是为了"讨好"别人。长大了，他们的性格中就会有隐忍、宽厚的一面，同时还有依赖性太强的特点。过度老实的人不够独立，总是想站在一个强者的背后，希望寻找一棵大树好乘凉。

对于总是喜欢在他人"授意"之下才有所行动的2号，要他们提出自己的意见并按照自己意思去办事，可能比登天还难。一个人倘若没有自己的主见，就会如同木偶一样，被人牵着走。下面故事中的主人公就犯了这样的错误，以致自己坐失良机。

一名喜欢写作的学生苦心撰写了一篇小说，请一位知名作家点评。因为作家正患眼疾，学生便将作品读给作家听。读到最后一个字，学生停了下来。作家问道："结束了吗？"听语气似乎意犹未尽。这一追问，引发学生的激情，立刻灵感喷发，马上接续道："没有啊，下部分更精彩。"他以自己都难以置信的构思叙述了下去。

到达一个段落，作家又似乎难以割舍地问："结束了吗？"

小说一定勾魂摄魄，叫人欲罢不能！学生更兴奋，更激昂，更富创作激情了。他不可遏止地一而再，再而三地接续……最后，电话铃声骤然响起，打断了学生的思绪。

有人找作家，而且情况比较急，作家匆匆准备出门。那么，没读完的小说呢？

"其实你的小说早该收笔，在我第一次询问你是否结束的时候，就应该结束。该停就停，看来，你还是缺少决断。决断是当作家的根本，否则，拖泥带水，如何打动读者？"

学生追悔莫及，觉得自己恐怕不是当作家的料。

不久，这位年轻人遇到另一位作家，谈及往事，谁知这位作家惊呼："你的反应如此迅捷、思维如此敏锐，这些正是成为作家的天赋呀！假如正确运用，作品一定能脱颖而出。"

"横看成岭侧成峰，远近高低各不同"，这两句诗用在此处再恰当不过了。不同的人面对同一个问题通常是见仁见智的。习惯受到他人影响的2号因此常会感到迷惘。这一类人就是极易受到他人观点"左右"的老实人。

正确认识实用主义者

有一位青年，曾梦想要做美国总统，但这个梦想似乎过于遥远。该怎么办呢？经过几天几夜的思索，他拟定了这样一系列的连锁目标：

做美国总统首先要做美国州长→要竞选州长必须得到雄厚的财力做后盾→要获得财团的支持就一定得融入财团→要融入财团最好要娶一位豪门千金→要娶一位豪门千金必须成为名人→成为名人的快速方法就是做电影明星→做电影明星的前提是需要练好身体。

按照这样的思路，青年开始步步为营。他开始刻苦而持之以恒地练习健美，他渴望成为世界上最结实的壮汉。3年后，借着发达的肌肉，雕塑似的体魄，他成为"健美先生"。

在以后的几年中，这位青年将欧洲、世界、全球、奥林匹克"健美先生"等诸多美誉收入囊中。22岁时，他进入了美国好莱坞。在好莱坞，他花费了10年时间，一心去表现坚强不屈、百折不挠的硬汉形象。终于，他在演艺界声名鹊起，女友的家庭在他们相恋9年后，终于接纳了他。他的女友就是赫赫有名的肯尼迪总统的侄女。

他与太太生育了 4 个孩子，组建了一个幸福的家庭。2003 年，年逾 57 岁的他，退出影坛，转为从政，成功竞选为美国加州州长。

他就是阿诺德·施瓦辛格。

施瓦辛格就是最典型的实用主义者。实用主义者是九型人格中的 3 号，这些人从很小的时候就为自己确立了远大的目标，为达目的可以努力工作，因此他们多半是工作狂的典型。

实用主义者的突出能力表现在，只要是他能想到的，他就一定能做到。无与伦比的创新与独一无二的执行力让 3 号从来都是高效率的代表。

除此之外，他们做事情目标很明确，超强的目的性，让他们做事时不会盲目地随波逐流。他们一直都像是斗志昂扬的战士，不肯服输，做事努力，勤奋是他们给人的印象。但是实干家也有个性上的不足之处，因为他们考虑问题永远是以结果为导向，所以他们做事时往往功利心太强，没有好处的事情他们是不会干的。这种功利心让他们患得患失，失去了一颗享受当下的平常心。

3 号实干家也是九种人格中最在意名利得失的人，他们的名利心很重，当然也可以说最有野心和斗志。所以他们常常什么都想得到，而结果却什么都失去。

正确认识浪漫主义者

紫色代表浪漫，高贵，也代表忧郁之美……4 号浪漫主义者的性格就像是紫色。浪漫主义者具有卓尔不群的审美情趣，他们感情细腻，内心活动丰富，因此他们总是能够迅速捕捉到对方传递的信息。

一般来讲，4号很快就能够看出对方的心思。现代社会，每个人都不会把话说得太明白，只有靠我们各自的"悟性"，而4号天生悟性极高，无人能及。在这方面大概只有观察家能够与之相比，但浪漫主义者比观察家又多了一份人情味，因而更易获得他人的理解和帮助。除此之外，4号还有换位思考的习惯，这就使得他们更易捕捉到别人的心理活动，解决问题也更为有效。

但是，用孤芳自赏、清高、自恋这些词汇来描绘4号也是最合适不过的。他们无法忍受庸俗不堪的现实生活，所以才会给自己建造一个世外桃源，只在那里释放自己的情感。其实，浪漫主义者常犯一个常识性错误——视通俗为庸俗。

浪漫主义者是生活在云端的一族，只有当他们愿意"脚踏实地"地生活时，他们才会懂得平平淡淡总是真的朴素道理。4号尤其要改变自己对爱情要求过高的"不切实际"的想法，因为他们总是认为天长地久是没有尽头的，爱情是不可战胜的。

浪漫的4号，满脑袋都是美丽的想象，好想法也很多，遗憾的是他们往往仅让它们停留在脑海中，很少付诸行动。换句话说，浪漫主义者做事情全凭热情，"三分钟热度"是常有的事，不够踏实是他们成功道路上的拦路虎。他们认为那些脚踏实地却很"闷"的人很无趣，他们崇尚的是很飘忽的感觉。

同时，浪漫主义者往往不会控制自己的情绪。他们常常会陷入悲观与忧郁的困境中。他们喜欢伤春悲秋，却忘记了快乐的要义，尽管他们也很容易感受到快乐，却总是不能持久。

浪漫主义者通常给人的印象是多愁善感的，容易悲观伤感。这可能要归结于他们热爱幻想的个性。正因为他们的这种个性才使得他们极易被悲观与痛苦羁绊。

正确认识怀疑论者

"蓝色"在英文中还有"忧郁"的意思。在生活中，我们也会遇到一些带有蓝色性格的人，在他们柔和冷静的表面之下，往往还有阴郁的一面。他们总是对一切事物都持有怀疑的态度，"防患于未然"是他们常常挂在嘴边的话。他们是典型的怀疑论者。作为九型人格的6号，怀疑论者的猜疑心很重，总爱把自己假定为"受害者"，或者总是先在主观上假定某一想法，然后把许多毫无联系的现象都通过一些自认为合理的想象拉扯在一起，以此来证明自己看法的正确性。为了达到这一目的，他们甚至会无中生有地制造出一些假象。

怀疑论者身上最突出的问题是喜欢怀疑一切。原本怀疑并不是什么坏事，但是事事都有疑心常常让我们损失更多。有时候怀疑论者在做某件事情之前已经把各种条件都创造好了，但是在关键时刻，他们怀疑的本性会出来捣乱，结果所有的努力全被破坏掉了。

有的怀疑论者不仅怀疑周围的人，也怀疑权威的力量以及自己的能力。这种常常疑心自己不能做好事情的"悲观"常常让他们坐失良机。他们在开始做某件事之前，常常先怀疑自己能否成功，认为自己"做不到"。其实这只是一种错觉、一种消极的心理暗示。一旦他们正视困难，就会发现事情并非像他们想象的那样难。

一部分怀疑论者总是谨小慎微，如履薄冰，永远战战兢兢，一刻也不敢放松自己。因为他们担心太多不好的事情，并且总是觉得自己有可能被骗被抛弃，于是他们的心就变得异常的"小"，他们的生活与冒险和勇气几乎是绝缘的。

其实，他们并不胆小，他们甚至也不缺乏勇气，他们缺少的是一种豁出去的魄力。就像美国著名演员尼古拉斯·凯奇，他在荧幕上的形象总是硬汉，但现实中他很胆小，而且恐高。这不是什么令人羞愧的事情，只要我们能够勇敢地迈出第一步，那么精彩的掌声也会随之而来。

任何事情都有其两面性。怀疑论者也许是最不相信他人、最不相信自己的一群人，但也因此他们是最有责任感的一群人。因为他们害怕不成功，害怕出差错，所以会不断检查和修正，而这种修正的过程常常会让他们发现问题。

正确认识冷眼旁观者

"君子之交淡如水"，这往往是冷眼旁观者的交际法则。

九型人格中的5号——观察者，就像是一位冷眼旁观的裁判，用他的世界观来替整个世界做诊断。他们如灰色一样无所不包，低调不事张扬，也像灰色一样与周围的世界保持着距离。他们总是一副不愿意与别人"深交"的样子，对任何人、任何事都保持着一种冷漠的态度。其实，这恰是观察者们深得交际艺术精髓的地方，因为保持距离是一种安全，也是让友谊长久的"保鲜法"。

冷眼旁观者几乎人人都是观察家，善于观察、勤于思考、喜欢总结就是观察者们最好的写照。他们总是能够看到别人看不到的地方，缜密地思考，客观地下结论。

某大公司招聘人才，应聘者云集。其中多为高学历，持有多种技能证书，有相关工作经验的人。

经过三轮淘汰，还剩11个应聘者，最终将留用6人。但是在第四轮总裁亲自面试时，却出现了12个应聘者。总裁问："谁不是应聘的？"

坐在最后一排的男子站了起来："先生，我第一轮就被淘汰了，但我想参加一下面试。"在场的人都笑了,包括那个站在门口看热闹的老头。

总裁饶有兴趣地问:"你连一关都过不了,来这儿又有什么意义呢?"

男子说:"我掌握了很多财富,我本人即是财富。"大家又一次笑得很开心,觉得此人不是太狂妄,就是脑子有毛病。但是男子接着说:"我只有一个本科学历,一个中级职称,但我有11年工作经验,曾在18家公司任过职……"

总裁打断他:"你学历、职称都不算高,工作11年倒是很不错,但先后跳槽18家公司,太令人吃惊了。我不欣赏。"

男子站起身说:"先生,我没有跳槽,是那18家公司先后倒闭了。"在场的人第三次笑了。

一位应聘者说:"你真是倒霉蛋!"

男子也笑了,说:"相反,我认为这是我的财富!我不倒霉,我只有31岁。"

这时,站在门口的老头走进来,给总裁倒茶。男子继续说:"我很了解那18家公司,我曾与大伙努力挽救那些公司,虽然不成功,但我从那些公司的错误与失败中学到了许多东西,很多人只是追求成功的经验,而我,更有经验避免错误与失败!"

男子离开座位,一边转身一边说:"我深知,成功的经验大抵相似,而失败的原因各不相同。别人成功的经历很难成为我们的财富,但别人的失败过程却能!"

男子就要出门了,忽然又回过头说:"这11年经历的18家公司,培养和锻炼了我对人、对事、对未来的洞察力,举个例子吧,真正的考官不是您,而是这位倒茶的老先生。"

全场11个应聘者一片哗然,惊愕地盯着倒茶的老头。那老头笑了:

"很好！你第一个被录取了，因为我急于知道，我的表演为何失败。"

这个例子可以说是观察者们最好的表演，他们"明察秋毫"的眼睛与缜密思考的心思绝不是一般人能达到的。

观察者的性格特征很明显，因为他们总习惯冷静客观地看社会，不愿与他人分享，因此也会给人难以接近的感觉。用一句话来总结观察者的这个缺点：不缺少心思，缺少"达则兼济天下"的心胸。

正确认识享乐主义者

"人生不如意十之八九，何不开心快乐点？开心过一天也是过，不开心24小时也一样过，何不让24小时里尽可能地多一点开心呢？"这就是享乐主义者的生活哲学。

7号享乐主义者的性格颜色是快乐的橙色。他们轻松愉快，不愿意带给别人压力，也害怕别人给他们施压。无拘无束的生活是他们追求的方向与目标。他们绝对是一群懂得放松、快乐、享受的人。

7号有保持潇洒的智慧，他们豁达大度又多才多艺，潇洒、狂放不羁的外表下藏着一颗热爱生活的心。他们是最有情调、最懂得享受生活的一群人。他们不会像完美主义者那样因为害怕出错而战战兢兢，不会像过度老实的人那样只想着别人而从不考虑自己，不会像实用主义者那样过度追名逐利，不会像浪漫主义者那样杞人忧天，也不会像冷眼旁观者那样冷淡地拒人于千里之外，更不会像怀疑论者那样从不相信"陌生人"。他们就是这样洒脱的人，因为他们懂得人生短暂，红了樱桃绿了芭蕉，流光容易把人抛，不如快乐地活着！

在9种人格中，7号是最为豁达乐观的一种。他们永远能将生命之外的名利看淡、豁达大气。另外，7号也将工作视为一种"可有可无"的享受，因此，九型人格中也只有他们最单纯最快乐，不会觉得工作很累。

虽然，7号享乐主义者豁达的人生态度令人赞赏，但是，如果从另外的角度来看，他们又有很多的缺点。

首先，7号算是九型人格中最爱逃避现实的一种。他们往往会为了避免承担责任而想出各种妙招，就像顽皮地不愿意长大的孩童，他们拒绝成人的世界，不想担负起成人的责任。

其次，7号做事常常虎头蛇尾，三天打鱼两天晒网，他们的身上少了一种恒心。他们属于典型的害怕受苦的那一类，做事情常常只有三分钟热度，没有耐心与恒心。

最后，7号的世界观里容忍不了苦难的存在，在他们心中，人生苦短还是及时行乐为好。其实他们并非不能吃苦，他们只是习惯逃避苦难；因此，他们常常让周围的人觉得"玩世不恭"，不能够挑重担。

正确认识领袖型人物

能做别人的领导，乃至成为领袖人物的人，多少都会有点能耐。领袖型人物就像是天生的将军，他们拥有俯视江山的气魄，个性刚强坚毅，不容易屈服。他们的性格像是象征权力、热情、欲望、尊贵的红色。8号人物天生的个性，造就了他们不平凡的一生。

其实，8号的这种强势而独立的个性是从小时候就养成的。童年的时候我们几乎都玩过"老鹰捉小鸡"的游戏，而8号通常扮演的就是那只"母鸡"或"老鹰"的角色。"母鸡"保护弱者的个性在8号后来的人生中占有相当重要的位置，"老鹰"俯视天下的霸气也一直如影随形地跟着8号。

8号领导者永远像一头雄狮一样威严、尊贵而勇敢，他们是最有勇气、最能捍卫利益的一群人。他们对强权从来不会屈服，而是积极地投入战斗。无论所维护的利益是他们自身的，还是他人的，只要他们认定了，就一定能够坚持到底。孟子所说的"威武不能屈"形容的就是8号领导者的勇猛形象。

8号领导者就像一棵参天大树，带给其他人独一无二的安全感。他们习惯并且也热衷于提携他人、保护他人。通常情况下，别人都希望能给自己找到一棵大树来乘凉，唯独8号并不热衷于此，因为8号自身就是能够给别人保护的人。

因为个性使然，8号常常是领导别人的人。有人羡慕他们的地位和权力，其实他们的内心也常常提心吊胆。因为他们可能是主管或"一把手"，所面临的常常是整个集体的兴衰存亡，他们的生活也就注定了不会平淡。有了功劳，他们当然会受益，这是大家都能看到的一面。但权力越大责任越大，身居高位的人，其实每个人的头顶上都悬着一把责任之剑，一旦发生重大事故他们就首当其冲。

九型人格中，8号以其卓越的领导力与远见卓识常常成为人群中的核心人物，但也正因如此，8号很喜欢用命令的口吻安排别人做事，即便安排的是对方的分内之事，但他的语气却可能会招致不满，因此也常常留给别人一种不够尊重别人的印象。另外，他们又很容易自负，看不清自己的毛病所在，而且，他们通常易怒，也不太会听取他人的建议，往往因为太过自信而错失良机。

正确认识和事佬

9号和事佬的代表人物是刘邦。这类人的能力可能都不是很强，但是他们都能将最强的人留在自己身边。这种能力是9号的突出特点。

刘邦就曾经说过他"运筹帷幄不如张良，调兵遣将不如韩信，供需粮草处理政务不如萧何"，但他却是他们的"领导"。

一个人的胸怀有多大，他的事业往往也就有多大。9号以其大度的胸襟、兼容并包的大气而闻名。他们总是尽力地避免争吵，同时他们能将争执的各方都聚集在一起，用求同存异将大家聚拢在自己周围。他们不会要求别人一定要赞同自己的观点，相反他们认为每个人的建议都有其独到之处。9号的个性中最有魅力的地方正在于此，他们不会为了意见不同而剥夺他人的话语权，也不会因为自己不喜欢某种建议而否决他人，更不会为了一点小事而斤斤计较。

9号是非常善于利用"关系"来办事的一群人，他们清楚周围人的强项与短处，在面临重大问题的时候总是能够找到"能用"的人。同时，他们能够灵敏地探测到各种有助于解决问题的信息，并以其独有的宽厚博大来感染周围的人，将他们的能力变相地化为己有，在需要的时候"该出手时就出手"。

但是，做自己想做的人，就要求有主见，做事有决断力，而这些也是9号的弱点。

9号的协调能力非常出色，但是他们的弱点在于，面对那么多人提出的建议常常会感到无所适从。他一方面觉得谁的话都有道理，另一方面又会觉得无法抉择，因为他谁也不想得罪。

另外，9号平时性格温和，很少发火，但那只是因为他们将不满放在了心里而已，等到合适的机会才会发泄出来；而他们的表达方式就是抱怨，好像谁都对不起他们，他们付出的太多，得到的太少。可以说，9号是最爱抱怨的一族。

第十三章

说好应酬话，皆大欢喜

说好皆大欢喜的祝贺话

当亲朋好友遇到大喜事时，我们都会表示祝贺。但倘若我们没有针对性地胡乱祝贺，没有说好祝贺话，那么我们的"热心"换来的很可能就是对方的"白眼"。

祝贺是人们在生活中经常遇到的，是人与人之间交往的一种礼仪。每当我们遇到人生中的大喜事时，如嫁娶、生子等，亲戚、朋友都会通过某些方式表达祝贺。祝贺时要注意仪表端庄，举止适度，祝词应视对象、场合和内容而定。祝贺送礼要注意三点：

第一，男女之间不可送贴身衣物。

第二，除非对病人，一般不要送药物。

第三，送礼只是表示友情，并不是显示阔气，要量力而行，适可而止，切忌互相攀比。

从语言表达的形式看，祝贺语可以分为祝词和贺词两大类。祝词是指对尚未实现的活动、事件、功业的良好祝愿和祝福，比如某重大工程开幕、某展览会剪彩要致祝词，前辈、师长过生日要致祝寿词，参加酒宴要致祝词等等。贺词是指对于已经完成的事件、业绩表示庆贺，比如毕业典礼上，校长对毕业生致贺词；婚礼上亲朋好友对新郎新娘致辞；对同事、朋友取得重大成就或获得荣誉、奖励致贺喜词等等。祝贺要注意以下几点。

1. 情景性

祝贺一定要考虑到特定的环境、特定的对象、特定的目的，使之具有明确的针对性，因为祝贺一般是在特定的情景下进行的。

鲁迅有篇散文《立论》，讲到这样一个故事：

一户人家生了个男孩，合家欢欣。他们给孩子做满月的时候，把小孩抱出来给客人们看，大概是想得到一点好兆头。一个客人说："这孩子将来要发大财的。"他于是得到一番感谢。一个客人说："这孩子要做大官的。"他于是被回赠几句恭维。另一个说："这孩子将来是要死的。"他于是得到大家合力的痛打。

在这个故事中，这个说孩子将来是要死的人，他的话从理论上来说是没有错误的，但极不适合此种情景，惹人厌恶是必然的事情。不顾当时的特定情景，讲不合时宜的话会招人唾弃。

祝贺总是针对喜庆之事，因此，不应说不吉利的话，应讲使人快慰的话。

2. 情感性

祝贺语要达到抒发感情、增进友谊的目的，必须有较强的感染力，因此要求语言富有感情色彩，语气、语调、表情等都要带情感。

3. 简括性

祝贺语简洁有力，才能产生强烈的感染力。

有些祝词、贺词是人们的临时发挥，但必须紧扣中心，点到为止，给听众留有回味的余地。

某人主持婚礼。婚礼一开始，主持人上前致辞：

我今天接受爱神丘比特的委托，为这对爱人主持婚礼，十分荣幸。新郎新娘交换礼物。新郎为新娘戴上金戒指，新娘送给新郎英纳格手表。黄金虽然贵重，不及新郎新娘金子般的心；英纳格手表虽计时准确，也不及新郎新娘心心相印永记心间。

主持人的即兴贺词，得体而又热情，简洁而明快，博得了阵阵掌声。

4. 礼节性

祝贺词一般需站立发言，称呼要恰当。不要看稿子，双目要根据讲话内容时而致礼于祝贺对象，时而含笑扫视其他听众——要同听者做有感情的交流。

应酬时要有的话语储备

在社交场合，为了使自己的语言更具有说服力，我们不仅要针对不同的应酬储备相应的话语，还要学会巧妙地运用。

在社交活动中，最主要的事情就是"说"，即用语言去表述自己的观点。因此，掌握好说话技巧，让语言更具说服力，就得储备些具有感染力的词汇，并巧妙地运用这些词汇，以达到说服的目的。一次成功的社交，是绝对离不开具有说服力的语言的。

很多人之所以成功，很大程度上是因为他善于辞令。在人际交往中，第一印象显得非常重要，而口才好的人很容易给人留下美好的第一印象，优雅的谈吐可以使自己广受欢迎，更有助于事业的成功。

无论在什么样的场合，如果你能够用词简洁、表达清晰，再加上抑扬顿挫的语调，就能够吸引听众、打动他人。如果你善于辞令，再加上优雅的举止，在各种场合，你都能游刃有余。这也可能成为你的秘密武器，能在不经意中助你成功。

拥有远大理想的人，应该掌握谈话的技巧，提高驾驭语言的能力，在各种场合，做到谈吐优雅，应对自如，从容不迫。

不管你有什么样的梦想，首先必须掌握驾驭语言的能力，拥有让人羡慕的好口才。你也许不会成为精英，但你每天都要说话，也就必然要借助语言的独特力量。要培养这方面的能力，就要研究修辞，尽力增加自己的词汇量，随时查阅工具书，注重平时的积累。如果你思想贫乏、词汇量少得可怜、阅历有限，是无法做到谈吐优雅、口才出众的。

语言表达能力是一个人综合能力的反映，从中可以看出他的才能、阅历和修养。不管他是思维敏捷、条理清楚，还是迟钝懒散、不求上进，不管他是治学严谨还是做事马虎，都能从他的语言中看出来。

在国会参议员竞选中，林肯与种族歧视者道格拉斯展开了辩论，林肯说："我想，耶稣基督并不真正渴望任何一个凡人能和天父一样完美，但是他说：'由于你天上的父是完美的，但愿你也完美。'他把这个树立为标准，谁尽最大努力达到这个标准，谁就达到了道德完美的最高境界。所以我们要尽可能实现'人人生而平等'这个原则。即使不能给予每个人自由，至少不要做奴役人的事情。让我们的政府回到宪法制定者们最初安放的轨道上来吧！让我们把所有关于某个人或某个种族因为劣等所以必须受歧视的诡辩统统扔掉吧！让我们扔掉这一切，在这块土地上团结得像一个民族，直到我们再一次站起来宣布：人人生而平等！"

一个健谈者会表现出各方面的素养：判断准确、思维敏捷、机智灵活、精力集中等等。健谈者还必须慷慨大度、心胸开阔。在交谈时，他应该充满爱心，不随意公开别人的缺点与不足，不触及对方的难言之隐，对听者表现出强烈的兴趣，而不是用语言来伤害对方；还应该表现出丝丝入扣的分析能力、缜密的逻辑推理能力，有自己的独到见解。

在谈话前做好充分的准备，才能增强自己的自信心，才能拥有一种感染人的魅力。因此，平时就要加强话语储备。

餐桌上会说话，感情上好沟通

餐桌是交流感情、拉近彼此距离的一个重要场所，聪明的人在餐桌上要巧说话，借由请客吃饭沟通感情，拉近彼此之间的距离。

无论在哪个国家，参加宴会决不只是为了吃东西，而是重在交流。既然是交流，就少不了要说话，那么餐桌上应当怎样说话呢？

在正式用餐之前，通常主人会先招待客人喝点餐前酒，吃些小点心，一方面开开胃，另一方面也可等到客人来齐了再上桌。这是你与其他客人建立联系、交流信息的最佳时刻！不妨趁此机会主动与其他人交流，帮助主人照顾好别的客人，使聚会的气氛更加活跃。

在一场由营销业人士参与的宴会上，幽默的宴会主持人说："我们得先规划一下市场，大家千万不要喝出状况了，请各位先对自己做好定位啊！"刘先生第一个开口："我来做一下前期炒作吧！"老朋友李先生也站起来："来来来，我们做个联合炒作，一起推销吧！"其他人一听，乐了："你们蛮会做关系营销嘛！不过，可千万别搞恶性竞争啊！"

并非每个人都有新闻发言人那样的口才，也不可能"上知天文下知地理"，在社交宴会上与人交流时，难免会遇到一时答不上来的问题，这时不要感到太难为情，也不要不懂装懂，应该先弄清楚对方的意图，然后尽你所能地帮助对方解疑释惑。

餐桌上，不管是商业交流，还是朋友聊天，都要注意语言表达的得体；同时，要尽量使自己的语言表达具有幽默感，营造一个和谐、轻松、愉悦的氛围。

点菜是一项“硬功夫”

点菜是摆在众人面前一道严峻的选择题。菜点安排太少，会怠慢客人；安排太多，则会造成浪费。所以，点菜的水平是一个人饮食文化修养的集中表现，是一项复杂的工作，值得大家探讨。

作为请客者，若时间允许，应等客人到齐之后，将菜单给客人传阅，并请他们来点菜。当然，如果是公务宴请，要控制预算，最重要的是要多做饭前功课，选择合适档次的请客地点非常重要。一般来说，如果由你来埋单，客人也不太好意思点菜，都会让你来做主。

如果你的上司也在宴席上，千万不要因为尊重他，或是认为他应酬经验丰富，酒席吃得多，而让他来点菜，除非是他主动要求，否则，他会觉得不够体面。

如果你是作为赴宴者出现在宴席上，在点菜时，不应该太过主动，而要让主人来点菜。如果对方盛情要求，你可以点一个不太贵，又不是大家忌口的菜，最好征询一下同桌人的意见，特别是问一下“有没有哪些是不吃的”或是“比较喜欢吃什么”，要让大家有被照顾到的感觉。点菜后，可以请示“我点的菜，不知道是否合几位的口味”“要不要再来点其他什么”，等等。

点菜水平的高低直接影响进餐的心情和氛围，在点菜时一定要做到心中有数，牢记以下三条原则。

1. 一定要看人员组成，人均一菜是比较通用的原则。如果是男士较多的餐会可适当加量。同时，要看菜肴组合。一般来说，一桌菜最好是有荤有素，有冷有热，尽量做到全面。如果桌上男士多，可多点些荤菜，如果女士较多，则可多点几道清淡的蔬菜。

2. 若是普通的商务宴请，可以节俭些。如果这次宴请的对象是比较关键的人物，则要点上几个够分量、拿得出手的菜。

3. 点菜前要对价格了解清楚，点菜时不应该再问服务员菜肴的价格，或是讨价还价，这样会让你在对方面前显得有点小家子气，而且被请者也会觉得不自在。

中餐宴席菜肴上桌的顺序，各地不完全相同，但一般依循下列六项原则：先冷盘后热炒；先菜肴后点心；先炒后烧；先咸后甜；先味道清淡鲜美，后味道油腻浓烈；好的菜肴先上，普通的后上。一般情况下，点菜也要遵循这个顺序。

宴会结尾细节决定成败

俗话说"编筐编篓，重在收口"，宴会也不例外。宴会虽然结束了，但并不意味着你就可以完全放松下来了，还要做好很多细节性的事情，才能让你的好形象留在宴请对象的心里。有很多人就是因为不重视宴会结束时的几个小细节，因此使得自己之前费尽心思保持的好形象瞬间崩溃，公关办事也变得一波三折。

那么，宴会结束时应该注意哪些细节呢？

1. 宴会结束的时间

一般来说，当主人把餐巾放在桌子上或者从餐桌旁站起身来，即表明宴会结束。只有看到这种信号以后，宾客才可以把自己的餐巾放下，站起身来。

正餐之后酒会的告辞时间按常识而定，如果酒会不是在周末举行，那就意味着告辞时间应在晚间11点至12之间。若是周末，则可晚一些。除非客人是主人的亲密朋友，否则一般都不应该在酒会的最后阶段还坐在那里。

2. 离席的先后顺序

当宴会结束离开餐桌时，不应把座椅拉开就走，而应把椅子挪回原处。男士应该帮身边的女士移开座椅，然后再把座椅放回餐桌边。要注意，有些餐厅比较拥挤，贸然起身，或使手提包、衣服等掉落在地上，或碰到人，打翻茶水、菜肴，失礼又尴尬！离席时让身份高者、年长者和女士先走，贵宾一般是第一位告辞的人。

3. 热情话别

当宾客离去时，宴会主人应像迎接宾客一样站在门口与他们一一握别。当宾客成群离去时，也应送至门口，挥手互道晚安，并应致意说："非常感谢各位的光临，真谢谢你们把宴会的气氛维持得这样好。"不要以时间过早为由挽留客人，如果是星期天晚上，你尤其不宜说："现在还早得很，你绝不能这么早走，太不给我面子了！"要知道多数人次日都要早起。对于迟迟还不离去的客人，他们明显地热爱这气氛，这时你可停止斟酒或停止供糖果瓜子等，以此暗示客人该是离去的时候了。

有的主人会为每一位出席者备有一份小纪念品。宴会结束时，主人会招呼客人带上。除主人特别示意作为纪念品的东西外，各种招待品，包括糖果、水果、香烟等都不能拿走。

商务宴会上的不宜话题

不恰当的话题会招来不必要的麻烦，以下话题是在宴会上不宜涉及的。

1. 薪水问题

很多公司不喜欢职员之间谈论薪水，因为同事之间工资往往有不小的差别，"同工不同酬"是老板常用的手法，但它是把双刃剑，用好了，是奖优罚劣的一大法宝，用不好，就容易引发员工之间的矛盾，而且最终会调转枪口朝上，直指老板。这当然是老板所不想见到的，所以老板对好打听薪水的人总是格外防备。

有的人打探别人时喜欢先亮出自己，比如先说"我这月工资……奖金……你呢？"如果他比你钱多，他会假装同情，心里却暗自得意。如果他没你钱多，就会心理不平衡了，表面上可能是一脸羡慕，私底下往往不服，再往下交流，就难以自然聊天了。

首先你不要做这样的人。其次如果你碰上有这样的同事，最好早做打算，当他把话题往工资上引时，你要尽早打断他，说公司有纪律不谈薪水；如果不幸他语速很快，没等你拦住就把话都说了，也不要紧，用外交辞令冷处理："对不起，我不想谈这个问题。"有来无回一次，就不会有下次了。

2. 私人生活

无论你是失恋还是热恋，都别把情绪带到工作中来，更别把故事带进来。要知道，说出口的话如同泼出去的水，再也收不回来了；说起来只图痛快，不看对象，事后往往懊悔不已。

商场上风云变幻、错综复杂，把自己的私域圈起来当成商务话题的禁区，轻易不让公域场上的人涉足，其实是非常明智的一招，是竞争压力下的自我保护。"己所不欲，勿施于人。"如果你不先开口打听别人的私事，自己的秘密也不易被打听。

千万别聊私人问题，也别议论自己公司或客户公司里的是非短长。你以为议论别人没关系，用不了几个来回就能"烧"到你自己头上，引火烧身，那时再"逃跑"就显得被动了。

3. 家庭财产

就算你刚刚新买了别墅或利用假期去欧洲玩了一趟，也没必要拿到宴会上来炫耀，有些快乐，分享的圈子越小越好。被人妒忌的滋味并不好受，因为容易招人算计。

无论露富还是哭穷，在宴会上都显得做作，与其讨人嫌，不如知趣一点，不该说的话不说。

4. "黄腔" "黄调"

有些人为了活跃气氛，喜欢说一些黄色笑话，这实在是不明智的做法。大多数的人说黄色笑话往往成了下流不堪的话，造成对方的尴尬，弄不好还惹上"性骚扰"的罪名，得不偿失。除了尽量避免说黄色笑话，还要学会如何应付对方向你"开黄腔"。许多女性对于男同事的"黄腔"采取好言相劝或不理不睬，装作没听见，这样会使男同事认为你软弱好欺负，他们不但不会"同情"你，反而会变本加厉地对你"开黄腔"。理想的方式是巧言以对，既对他们的话表示抗议，又运用机智和幽默的口吻含蓄地进行还击。识趣的男同事会自讨没趣地走开。

千万别装作听不懂，越是听不懂，对方基于捉弄的心理，越会说给你听。如果无法阻止对方住口，干脆起身避开，来个耳不听为净。

警惕有失礼仪的交谈方式

以下十种方式是不合礼仪的。

1. 在交谈之中"闭嘴"

所谓的"闭嘴",是指交谈中一言不发,从而使交谈变相地冷场,导致不良的后果。在交谈对象侃侃而谈的过程中,自己始终保持沉默,会被视为对交谈对象的话不感兴趣。本来双方交谈甚欢,一方突然"打住",会被理解成在向对方"抗议",或对话题感到厌倦。

所以,但凡碰上"冷场",商务人员一定要想办法尽快地引出新话题,或转移旧话题,以调动交谈者的情绪。

转换话题也需要一定的技巧,最好能不着痕迹,巧妙自然地将对方导向新话题;而成功运用这个要领的关键,则在于会话双方对新的话题应当有较多的共同语言。

这样,会话才能拓展交谈天地,维持融洽气氛。为此,在有意转换之前,充分估计对方心态和审慎选择比原来话题更有新意的、在需求上更能满足对方的话题,无疑十分重要。

2. 在交谈之中"插嘴"

所谓"插嘴",是指在他人讲话的中途,突然冒出来插上一句,打断对方的话。商界人士在一般情况下,都不应该打断他人讲话,上去插上一嘴,这样有喧宾夺主、自以为是之嫌。如果确实想对他人所说的话发表见解,也需要等对方把话讲完。

如果打算对他人所说的话加以补充,应先征得其同意,先说明"请允许我补充一点",接下来再插话。不过插话不宜过长、次数不宜过多,免得打断对方的思路。有急事打断他人的谈话时,务必要先讲一句"对不起"。

当看到熟人与不相识者、异性、长者或上司交谈时，更不宜"不邀而至"，上去就插上一嘴。

3. 在交谈之中"杂嘴"

交谈之中的"杂嘴"，就是语言不标准、不规范。比如说，在国内的商务交往中，应使用普通话，因为它是国人彼此之间理解与沟通的最佳手段。如果开口方言，闭口俚语，不仅可能被他人误解，弄不好还会被视为做人不够开化。在对外商务交往中，应使用双方均能够接受的语言。

4. 在交谈之中"脏嘴"

"脏嘴"，即说话不文明，满口都是"脏、乱、差"的语言。

5. 在交谈之中"荤嘴"

"荤嘴"，指的是说话带"色"，时时刻刻把丑闻、艳事挂在嘴上。无论从哪一方面而论，"荤嘴"都属于商界人士的大忌。

6. 在交谈之中"油嘴"

"油嘴"，是指说话油滑，毫无止境地胡乱幽默。谈吐幽默是一种高尚的教养，它是指说话生动有趣，而且意味深长。在适当的情境中，使用幽默的语言讲话，可以使人摆脱拘束不安的感觉，变得轻松而愉快。此外，它兼具使人获得审美快感、批评和讽刺等多重作用。

然而幽默也需要区分场合与对象，需要顾及自己的身份。要是到处都"幽他一默"，就有可能"沦落"为油腔滑调，从而招人反感。

7. 在交谈之中"贫嘴"

"贫嘴"，是指爱多说废话，爱乱开玩笑。爱耍"贫嘴"的人，动不动就拿交谈对象调侃、取笑、挖苦一通；或者不是没话找话，话头一起就絮絮叨叨，就是不分男女、不论长幼、不辨亲疏地乱开玩笑。耍"贫嘴"的人，好比作践自己，既令人瞧不起，又招人讨厌。

8. 在交谈之中"犟嘴"

"犟嘴"，就是喜欢跟别人争辩，喜欢强词夺理。爱"犟嘴"的人，他们自以为"真理永远在自己手中"，自己永远正确。"没理争三分，得理不让人"，这种人不受人们的欢迎。

9. 在交谈之中"刀子嘴"

"刀子嘴"，就是说话尖酸刻薄，喜欢恶语伤人。每个人都有自己的隐私，都不希望告之于人，不该"打破砂锅问到底"。每个人都有自己的短处，都不乐意将此展示于人，所以不应该在交谈时"哪壶不开提哪壶"。俗话说："良言一句三冬暖，恶语伤人六月寒。"其口似刀的人，处处树敌，时时开战，触犯了商家"和气生财"的大忌，终将因为爱逞口舌之快而被淘汰。

10. 在交谈之中"电报嘴"

"电报嘴"是指那些爱传闲话、爱搬弄是非的人。"电报"者，取其传播迅速之意也。在正式的商务交往中，一言一语都有可能成为有价值的商业情报，不容随意扩散。在非正式的亲友聚会上，他人出于对自己的信任所讲的一些心里话，也应该做到"到此为止"。将以上内容当作谈资四处传播，是人格卑鄙的表现。至于那些无中生有、以造谣生事为己任的人，就更不足挂齿了。所以请君勿做"电报嘴"的"中转站"。

别把应酬当作承诺

在商务应酬中，我们要学会说场面话，给别人一点尊重，但万万不可轻信别人的一时之言。轻信别人的场面话，有时不只是一种天真，更是一种愚蠢。

一个人不可能完完全全地在别人面前表现最真诚的一面，正如一个人不能把别人说过的每一句话都信以为真一样。场面话，总是可说不可信，一旦你违背了这条原则，善良便会退化为愚钝，真诚也会成为伤害自己又危及他人的利器。

坦露之心犹如在众人面前摊开的信，那些胸有城府的人总是懂得潜藏隐秘，所以他们说的话大都只是些场面之言，如果你把别人的这些话都当成真心话，就只能证明你的天真和幼稚。

人往往会呈现多面性，在不同的时空，善与恶会因不同的刺激而以不同的面貌呈现。也就是说，本性属"恶"的人，在某些状况之下也会出现"善"的一面；本性属"善"的人，也会因为某些状况的引动、催化而出现"恶"的作为。而何时何地出现"善"与"恶"，人自己也无法预测及掌握。所以，当萍水相逢之人在你面前做出承诺时，不能被这一时的"善"意冲昏了头脑，应保持理智，让自己回到真实的生活轨道上来。

对于称赞的"场面话"，你尤其要保持冷静和客观，千万别因别人的两句话就乐昏了头，那会影响你的自我评价。冷静下来，反而可以看出对方的用心。

对于拍着胸脯答应的"场面话"，你只能持保留态度，以免希望越大，失望也越大；只能"姑且信之"，因为人情的变化无法预测，你既然猜测不出别人的真心，就只好抱持最坏的打算。要知道对方说的是不是场面话也不难。事后求证几次，如果对方言辞闪烁、虚与委蛇，或避不见面、避谈主题，就说明那些真的是"场面话"。对这种"场面话"，要有所区分，否则可能会坏了大事。

图书在版编目 (CIP) 数据

一开口就让人喜欢你 / 桑楚主编 . —北京 : 中国
民族文化出版社有限公司 , 2022.8

ISBN 978-7-5122-1602-0

Ⅰ . ①一… Ⅱ . ①桑… Ⅲ . ①语言艺术 – 通俗读物
Ⅳ . ① H019-49

中国版本图书馆 CIP 数据核字（2022）第 124125 号

一开口就让人喜欢你
Yikaikou Jiu Rangren Xihuan Ni

主　　编：桑　楚

责任编辑：赵卫平

责任校对：李文学

封面设计：冬　凡

出 版 者：中国民族文化出版社　　地址：北京市东城区和平里北街 14 号
　　　　　　邮编：100013　联系电话：010-84250639 64211754（传真）

印　　装：三河市华成印务有限公司

开　　本：880 mm × 1230 mm　32 开

印　　张：8

字　　数：192 千

版　　次：2022 年 9 月第 1 版第 1 次印刷

标准书号：ISBN 978-7-5122-1602-0

定　　价：38.00 元